MARCO POLO

BRASILIEN/RI

D1721622

*Sechs Symbole sollen Ihnen
die Orientierung in diesem Führer erleichtern:*

für Marco Polo Tips – die besten in jeder Kategorie

für alle Objekte, bei denen Sie auch eine schöne Aussicht haben

für Plätze, wo Sie bestimmt viele Einheimische treffen

für Treffpunkte für junge Leute

(A 1)
Koordinaten für die Übersichtskarte

*Die Marco Polo Route in der Karte verbindet die schönsten
Punkte von Brasilien zu einer Idealtour.*

*Diesen Führer schrieb Carl D. Goerdeler.
Er lebt seit mehreren Jahren in Rio als Korrespondent für
deutsche Zeitungen, unter anderem für DIE ZEIT.
Die Marco Polo Reihe wird herausgegeben
von Ferdinand Ranft.*

MAIRS GEOGRAPHISCHER VERLAG

MARCO ⊕ POLO

Für Ihre nächste Reise gibt es folgende Titel dieser Reihe:

Die Marco Polo Redaktion freut sich, wenn Sie ihr schreiben:
Marco Polo Redaktion, Mairs Geographischer Verlag
Postfach 31 51, D-73751 Ostfildern

Unsere Autoren haben nach bestem Wissen recherchiert. Trotzdem schleichen sich manchmal Fehler ein, für die der Verlag keine Haftung übernehmen kann.

Titelbild: Botafogo Bucht, Zuckerhut (IFA Bilderteam/Löhr)
Fotos: Kirchgessner (7, 19, 22, 24); Mauritius: Balzat (8, 53, 78), Camera Tres (9, 15, 16, 20, 38, 42, 49, 58, 69, 74, 83, 86, Anreise), Cedri (12), MacLaren (33), Marliani (44), Messerschmidt (34, 61), Otto (56), Pott (4), Schmidt-Luchs (23), Schmied (11, 88), Stockfoto (26), Torino (64, 66, 80, 81), Vidler (30, 34, 41), Weigl (72); Zawodsky (14, 51, 67)

4., aktualisierte Auflage 1997
© Mairs Geographischer Verlag, Ostfildern
Lektorat: Marianne Menzel
Gestaltung: Thienhaus/Wippermann (Büro Hamburg)
Kartographie: Istituto Geografico De Agostini
Sprachführer: in Zusammenarbeit mit Ernst Klett Verlag für Wissen und Bildung GmbH,
Redaktion PONS Wörterbücher

Printed in Germany
Gedruckt auf 100% chlorfreiem Papier

INHALT

Entdecken Sie Brasilien!

Ein Kontinent im Kontinent — so farbig wie die Gesichter seiner Menschen

Todmüde fallen Sie aus der Maschine. Ihre innere Uhr ist durcheinandergekommen. Sie sind die ganze Nacht geflogen. Halb in Trance lassen Sie die Zoll- und Paßkontrolle über sich ergehen. Dann öffnet sich die automatische Tür des Airports von Rio. Endlich durchatmen! Doch statt der frischen, kalten Luft, die zu Hause die Lungen füllt, atmet man Watte ein — warme, feuchte Watte mit einem Hauch von Patschuli. Die Tropen empfangen Sie mit schwül-heißer Umarmung, und Sie glauben im ersten Moment zu ersticken.

Die Fahrt ins Hotel führt durch die Vorstadt, vorbei an den Baracken der Armen, an stinkenden Abwasserkanälen, Müllhaufen, Tankstellen, Schrottplätzen. Der Verkehr wird mörderisch. Dieselgase und der Qualm von verbranntem Gummi steigen in die Nase, der Lärm pocht an die Trommelfelle. Die Menschen auf der Straße scheint es nicht zu

stören. Geduldig wie die Lämmer warten sie am Straßenrand darauf, in einer der unbequemen Sardinenbüchsen auf Rädern mitgenommen zu werden.

Schon die ersten Bilder, Geräusche und Gerüche sind von der starken Art. Pastellfarben, Zwischentöne, Geruchskiller — das ist typisch für die nördlichen Breiten. Brasilien aber ist das Land des Kolorits und der Kontraste. Schauen Sie doch den Menschen in die Augen! Alle Farben des Regenbogens lachen zurück! Jeder Teint ist erlaubt! Die Farbskala der brasilianischen Haut reicht von fast Violett-Schwarz über Rot und Gelb bis zu Kalkweiß. Kaum ein anderes Land der Erde besitzt einen solchen ethnischen Reichtum.

Der Synkretismus, also die Vermischung der Rassen und Religionen, der Traditionen und Kulturen, zeichnet Brasilien aus. Dieses tropische Riesenreich ist wahrlich eine multikulturelle Gesellschaft. Von den Nachfahren deutscher Einwanderer, polnischer Siedler, italienischer Fabrikanten, spanischer Abenteurer, japanischer Kaffeepflücker,

Vom Corcovado genießt man die schönsten Blicke auf Rio, im Hintergrund der Atlantik

Geschichtstabelle

Um 30 000 v. Chr.
Höhlenmalereien in Mato Grosso belegen menschliche Besiedlung auf dem Kontinent

1492 n. Chr.
Kolumbus entdeckt Amerika

1494
Vertrag von Tordesillas; Spanien und Portugal teilen die Welt unter sich auf

1500
Pedro Alvarez Cabral erreicht am 22. Juli bei Porto Seguro die brasilianische Küste und nimmt das Land im Namen des Königs Manuel von Portugal in Besitz

1504
Das System königlicher Lehen, der »Capitanias«, wird eingeführt

1532
Erste portugiesische Siedlung bei São Vicente (Santos)

1537
Olinda wird gegründet; Festsetzung der Portugiesen in der Bucht von Rio

1556
Vertreibung französischer Freibeuter aus der Bucht von Rio

1624
Invasion der Holländer in Pernambuco; sie bleiben 30 Jahre

1700
Beginn des Goldrausches in Minas Gerais

1763
Rio de Janeiro wird Hauptstadt des Vizekönigreiches Brasilien

1808
König João VI von Portugal flüchtet auf englischen Schiffen vor den Truppen Napoleons nach Rio

1822
Prinzregent Pedro ruft die Unabhängigkeit aus und wird zum Kaiser proklamiert

1840–89
Regierungszeit des Kaisers Pedro II.; Öffnung und Modernisierung Brasiliens. Großgrundbesitzer und Militärs setzen ihn 1889 ab und rufen die Republik aus

1930
Getúlio Vargas putscht und errichtet einen korporatistischen Wohlfahrtsstaat

1956–1961
Präsident Juscelino Kubitschek. Brasília wird neue Hauptstadt

1964
Militärputsch; Regierung der Generäle bis 1985

1984
Bürgerinitiative für Direktwahlen des Präsidenten

1985
Tancredo Neves, erster ziviler Präsident, stirbt vor Amtsantritt

1988
Neue demokratische Verfassung nach zwei Jahren Beratung verabschiedet

1994
Fernando Henrique Cardoso, Finanzminister unter seinem Vorgänger Itamar Franco, wird zum Präsidenten gewählt

koreanischer Schneider, syrischer Händler und afrikanischer Sklaven bis hin zu den Kindern der Yanomami-Indianer, die soeben zum ersten Mal in ihrem Leben einen Mann mit Bart gesehen haben, spannt sich der Bogen. Und alles das im fünftgrößten Land der Erde, in das Europa leicht hineinpaßt und das vom Bergland Guyanas bis in die Pampa reicht, von den Anden bis an das Amazonasdelta, genauer gesagt: von 5 Grad nördlich des Äquators bis 34 Grad südlicher Breite und von 35 bis 74 Grad westlicher Länge.

Während »oben« am Amazonas und auch in Rio de Janeiro das Thermometer leicht auf über 40 Grad klettert, melden einige Bergstationen in den Bundesstaaten Paraná und Santa Catarina schon mal Rauhreif und Schneeglätte. Den klimatischen und landschaftlichen Kontrasten entsprechen die sozialen. Ein kluger Kopf hat das »Schwellenland« Brasilien einmal als »Bel-India« bezeichnet, als eine Kombination von Belgien und Indien. São Paulo gilt gemeinhin als die Lok, die alle anderen 25 Waggons der übrigen Bundesstaaten mitzieht. Mehr als die Hälfte der gesamten Industrieproduktion konzentriert sich in und um diese Megalopolis. Je weiter man nach Süden zieht, um so europäischer erscheint Brasilien.

»O Sul maravilhoso«, der herrliche Süden, sagen die Brasilianer, da »unten«, meinen sie, ist die Welt noch in Ordnung. Rio Grande do Sul, Santa Catarina und Paraná – diese drei Bundesstaaten haben ihr eigenes, anderes Gewicht und Gesicht, so daß man gelegentlich daran zweifeln

Erdstraße durch den Urwald

kann, ob sie überhaupt noch zu Brasilien gehören. Was den Brasilianern so außergewöhnlich am Süden erscheint, kommt dem europäischen Besucher oft wie eine vergilbte Kopie seiner eigenen Heimat vor. Ordentlich verläuft hier das Leben und sauber. Statt Apfelsinen werden Äpfel angeboten, statt schwarzem Kaffee grüner Matetee. Auf den Weiden stehen schwarz-bunte Kühe und nicht mehr die gewohnten Zeburinder. Kirchtürme künden die Dörfer an, die Namen tragen wie Freiburgo oder Nova Veneza. »Hotel Schröder« oder »Padaria Müller« können Sie im Vorbeifahren gerade noch entziffern.

Neben der engen Welt der deutschen, italienischen und polnischen Häusler in Paraná und Santa Catarina herrscht die Freiheit der Erde auf dem Sattel der Pferde. Die Gauchos sind die Herren der Pampa. Sie sprechen anders, sie leben anders, und sie ziehen die Stiefel kaum aus. Ihre Nahrung besteht aus Bergen von Fleisch (Churrasco), und sie süffeln von morgens bis abends den *Chimarrão*, den Matetee, mit einem Silberrohr aus einer Kalebasse. Richtige Gauchos tragen Reitstiefel, Stulpenhosen, eine breite Leibbinde, in der ein Hirschfänger steckt, kariertes Hemd, schwarzen Hut und die Gitarre. Silberketten, Halstücher und weit ausladende Schnurrbärte unterstützen das verwegene Aussehen dieser brasilianischen Cowboys.

Der Wilde Westen Brasiliens beginnt jenseits der Küstenkordillere. Je weiter man der untergehenden Sonne entgegenfährt, um so einsamer wird das Land und um so karger der rotbraune Boden, den meist nur schüttere Macchia bedeckt. Bis aus diesem Landmeer eine Fata Morgana aufsteigt: Brasília, die künstliche Hauptstadt, der Schreibtisch in der Steppe. Tausend Kilometer weiter nach Westen der Pantanal, das größte Sumpfgebiet der Erde, wieder tausend Kilometer nach Norden der Amazonas, das gewaltige Flußsystem, eine amphibische Landschaft, die der Mensch an ihren Rändern schon schwer geschädigt hat.

Amazonien ist so groß und gewaltig, daß noch jeder Reisende mit einem Gefühl der Ehrfurcht vor der Natur zurückgekommen ist. Mehr als die Hälfte aller bekannten Lebensformen findet sich im tropischen Regenwald Amazoniens, darunter über 50 000 verschiedene Blütenpflanzen. Auf jedem Hektar Regenwald können bis zu 600 verschiedene Baumsorten wachsen. Die üppige Vegetation der »Hylea« täuscht Fruchtbarkeit vor, dabei ist sie nur eine Folge des biologischen Gleichgewichts in einem äußerst komplexen System. »Von außen gesehen gleicht der amazonische Urwald einer Anhäufung erstarrter Blasen, einem Turm grüner Schwellungen; es hat den Anschein, als litte die Flußlandschaft allenthalben unter einer pathologischen

Kleiner Markt am Hafen von Santarém

8

Schwarze Büffel auf der Ilha de Marajó im Amazonasdelta

Störung. Doch sobald man die Haut durchsticht und ins Innere dringt, verändert sich alles: Von hier aus gesehen erscheint diese wirre Masse als ein monumentales Universum. Der Wald ist keine irdische Unordnung mehr; eher könnte man ihn für die neue Welt irgendeines Planeten halten« (Claude Lévi-Strauss, Traurige Tropen).

Der Nordosten Brasiliens dagegen ist ein wüstes, archaisches Land. Ein Land des weiten Himmels und der kargen Erde. Das Land der *coronéis* (»Obristen«), der Honoratioren, Großgrundbesitzer und Viehbarone – strenger Herrscher über die Dörfer, den Hof und das Gesinde; Land der *doutores*, der Advokaten und Ärzte, die aus Gier, Tradition oder Langeweile um die Bürgermeisterposten würfeln; Land der Rebellen und Banditen, der Viehdiebe und der Wanderprediger, der Heiligen und Huren; Land der Ärmsten der Armen, der kinderreichen Landarbeiter, der landlosen Tagelöhner. Der schwere Mühlstein des Lebens, die Dürre und Hitze haben die Menschen geformt. Gleichen sie nicht den niedrigen, verkrüppelten Bäumen des Sertão?

Fünf Millionen Steppen- und Waldindianer müssen einmal auf dem Territorium gelebt haben, das heute Brasilien umfaßt. Im Gegensatz zu den Inkas von Peru und den Azteken Mexikos waren sie auf der Kulturstufe der Jäger und Sammler stehengeblieben und untereinander in viele hundert Völker mit eigenen Sprachen getrennt; sie erlagen schnell dem Ansturm der gierigen europäischen Abenteurer und Kolonialsoldaten, die eigentlich nur ein Interesse hatten: El Dorado zu finden, das Goldland. In Brasilien fanden sie es jedenfalls erst einmal nicht. Pedro Alvarez Cabral, der als erster Europäer seinen Fuß an die Küste setzte und das Land 1500 für die portugiesische Krone reklamierte, meldete enttäuscht nach Hause, daß man im »Land des Heiligen Kreuzes« nichts als Wälder und Wilde gefunden habe. Mit dem Rotholz eines unscheinbaren Baumes konnte man wenigstens Textilien färben: *Pau brasil* nannte man es — und hinterher trug das ganze Land seinen Namen: Brasilien.

Was sollte man mit so einem wertlosen Stück Kontinent schon anfangen, dachten die Portugiesen. Die Niederländer zeigten es: Man konnte Zuckerrohr anpflanzen, denn das gedieh prächtig, und für süßes Naschwerk waren die Preise gut. Nicht im Traum hätte selbst der niedrigste iberische Soldat daran gedacht, im Schweiße seines Angesichts das Rohr selber zu pflanzen. Dazu hatte man ja die Eingeborenen. Die Indianer wurden zu Sklaven gepreßt — in wenigen Jahrzehnten starben sie an Krankheit, Hunger und Qual. Der erste Völkermord zog den zweiten nach sich. Um die dahinsiechenden Plantagen-Indianer zu ersetzen, verfielen die Pflanzer auf die Idee, afrikanische Sklaven zu importieren.

Mehrere Millionen schwarzer Arbeitstiere verschleppten die weißen Kolonisatoren in die Neue Welt, gar manches stolze Vermögen wurde mit dem transatlantischen Menschenhandel zusammengerafft. Und auf dem schweißtriefenden Rücken der Neger entstand eine tropische Gesellschaft von »Herrenhaus und Sklavenhütte«. Die Sklaverei wurde in Brasilien erst 1889 aufgehoben — vor wenig mehr als einhundert Jahren. Auch heute noch gilt trotz aller Blutsmischung: weiße Hautfarbe gleich oben/reich — schwarze Hautfarbe gleich unten/arm. Gottlob hat in Brasilien jedoch nie der arisch-europäische Rassendünkel gewütet; die portugiesischen Entdecker und Eroberer sahen keinen Grund, die weibliche Schönheit gleich welchen Teints zu mißachten, wenn auch Padre Anchieta im 16. Jahrhundert darüber wetterte, daß die schamlosen indianischen Weibsbilder die schreckliche Angewohnheit hätten, sich täglich mehrmals zu baden . . .

Afrika, Amerika, Europa — das sind die Wurzeln, aus denen der Brasil-Baum sprießt und viele Blüten trägt. Um so erstaunlicher ist es, daß dieses bunte Riesenreich durch das Band der portugiesischen Sprache zusammengehalten wird. Vielleicht liegt es daran, daß dieses Idiom biegsam wie eine Liane und offen wie ein Blütenkelch ist. »Brasilianisch« kann gut und gerne auf die steife Grammatik Portugals verzichten – nie aber auf die Koseform, die freundliche Floskel und die Neuschöpfung von Worten.

Wie die Sprache, so der Mensch. Hautkontakt und Sinnenfreude sind das Lebenselixier der Brasilianer. Wer sich abschließt und auf seinem Recht beharrt, gilt als *chato*, als stur. Der beste Ort, um das phantasievolle Spiel der Gesten und Gebärden, den Flirt und Witz der Brasilianer zu beobachten, ist der Strand, die *praia*, oder die *praça*, der Platz vor der Kirche, das große Wohnzimmer im dörflichen Leben. Brasilianer sind die wahren Lebenskünstler unter den Erdenbewohnern. Noch der Ärmste der Armen hat das Lachen nicht verlernt – und das Tanzen schon gar nicht. *Sempre dá um jeito* – es gibt immer einen Ausweg. Die schwejksche Lebensphilosophie des Durchwurstelns und der Improvisation spricht aus diesem Satz. *Jeito*, das ist das Wort, für das

es keine deutsche Übersetzung gibt – so wie für »Heimweh« keine portugiesische. Mit dem *jeito* spielen Brasiliens Fußballkünstler, mit dem *jeito* wird der Polizist umgarnt, mit dem *jeito* zieht sich Brasilien täglich selber aus der Schlinge.

Im tropischen Klima sprießen zugleich an ein und demselben Baum die Knospen, strahlen die Blüten und fallen die Blätter ab. Vergangenheit, Gegenwart und Zukunft wachsen auf einem Ast. Der Zeitbegriff zerfließt. Was zählt, ist der Augenblick. Nordeuropäer sind da anders gestrickt: Sie müssen unwillkürlich immer an den nächsten Winter denken, ans Sparen, Zurücklegen und Planen. Für Brasilianer sind das lästige Angelegenheiten, die sie vom Leben – und das ist jetzt! – nur ablenken. Mit einem Satz: Europa wirkt wie ein großes Museum der Vergangenheit und Zukunft, Brasilien aber wie ein Zirkus des Lebens.

Badefreuden in Boa Viagem, dem Stadtstrand von Recife

Von Amazonas bis Zucker

*Amerika, Afrika und Europa prägen
das Land der weiten Horizonte*

Alkohol

Den gießt man sich nicht nur hinter die Binde, sondern man füllt ihn auch in den Tank: Methylalkohol, gewonnen aus Zuckerrohr. Brasilien und Paraguay sind die einzigen Länder der Erde, in denen die Autos mit diesem nachwachsenden Bio-Treibstoff fahren; man riecht es an den leicht süßlichen Nebelschwaden.

Amazonas

Als Francisco de Orellana Anno 1542 das hungernde Häuflein seiner Kameraden in den Anden zurückließ, konnte er nicht ahnen, daß er als erster Europäer den Strom von seinen Quellen bis zur Mündung befahren würde. Die wilden Indianerinnen an seinen Ufern erinnerten ihn an die Amazonen aus der griechischen Sagenwelt. Das Amazonasgebiet hat eine Ausdehnung von rund vier Millionen Quadratkilometern, seine Flüsse bilden das größte Süßwasserreservoir, seine

Der Einbaum, traditionelles Transportmittel der Indianer, ist heute eine Touristenattraktion

Wälder die größte biologische Datenbank und Klimamaschine der Erde.

Barock

Die portugiesischen Kolonisten bauten ihre Paläste und Kirchen so, wie sie es von daheim kannten. Bloß fehlte in der Regel das Geld, um dieselbe Pracht wie am Hofe zu Lissabon zu entfalten. Der brasilianische Kolonialbarock zeichnet sich durch pionierhafte Rustikalität aus. Nur in Salvador da Bahia, Ouro Preto und Olinda kann sich die barocke Architektur an ihren europäischen Vorbildern messen.

Brasilianer

160 Millionen Brasilianer; jedes Jahr werden es um rund zwei Prozent mehr. Die meisten leben inzwischen in städtischen Gebieten, vorzugsweise im Süden. Alle Hautfarben sind vertreten, in erster Linie aber die hellbraune.

Copacabana

Der Name des wohl bekanntesten Stadtviertels von Rio de Janeiro; erst in den dreißiger Jahren urbanisiert; vorher befanden sich dort nur die spitzen Giebel einfacher Bambushütten — woher der Name kommt.

Drogen

Brasilien gewinnt leider als Umschlagplatz der harten Drogen (Kokain,Heroin) immer größere Bedeutung. In manchen Kreisen gilt es auch als chic, sie zu gebrauchen. Die Gewinner dabei sind eiskalte Mörderbanden, die das Rauschgiftgeschäft aus dem Hintergrund steuern.

Familie

Auf dem Land bietet die Großfamilie sozialen Schutz, den der finanzschwache Staat nicht gibt. Das große Elend in den Städten beruht nicht zuletzt darauf, daß die Landflucht die Familien auseinandergerissen hat und viele Millionen Menschen bindungs- und schutzlos auf sich allein gestellt sind. Die zahlreichen bettelnden Straßenkinder legen davon ein beredtes Zeugnis ab.

Favela

Nicht unbedingt ein (ursprünglich afrikanisches) Schimpfwort. Es bezeichnet nur eine Siedlung mit Schlichtbauten. Die »malerischen« Favelas an Rios steilen Berghängen sind nur eine Seite der Medaille und meistens bereits Mittelstandsquartiere. Die schlimmsten Barackensiedlungen finden sich weiter außerhalb des Zentrums — und nicht nur in Rio. Jede brasilianische Großstadt hat ihre Favelas.

Fernsehen

Das Fernsehen ist (auch) in Brasilien das einflußreichste Medium, das sogar jeder Analphabet versteht. Brasiliens »Globo«-TV-Konzern ist nach den amerikanischen Netzen das zweite Mattscheibenmammut der Erde. Besonders populär sind die »Telenovelas« (Fortsetzungsserien) und »Xuxa« (gesprochen: Schuscha), die blonde Fernsehfee der Kindersendungen.

Riesenbäume im Amazonasgebiet

Flora und Fauna

Die Tier- und Pflanzenwelt zeichnet sich durch großen Artenreichtum aus. Mit einer Nord-Süd-Ausdehnung über 39 Breitengrade hat Brasilien ganz unterschiedliche Vegetationsformen. Da sind die Sümpfe des Pantanal, der niedrige Trockenwald (Cerrado), das dürre Gebiet der Caatinga und der tropische Regenwald. Man unterscheidet die Wälder auf nicht überschwemmten (terra firme) und auf zeitweilig überflutetem Gebiet (Várzeawälder), die fast ständig überfluteten Sumpfwälder (Igapówald) und den feuchten Regenwald im Küstengebiet. Die Wälder Amazoniens werden als größte genetische Datenbank der Erde bezeichnet. Das bezieht sich allerdings in erster Linie auf die Pflanzen und dann auf die stechenden Plagegeister, von denen die Wissenschaft erst den kleinsten Teil erforscht hat. Früher konnten die Kletteraffen sich noch quer durch Brasilien von einem Baum zum anderen hangeln. Die »Zivilisation« hat vom Urwald, einst 5 Mio. Quadratkilometer groß, nur noch kümmerliche Reste übriggelassen und sich bereits weit nach Amazonien hineingefressen.

Fußball

Fußball ist bekanntlich der Lieblingssport der Brasilianer. Schließlich sind sie vierfacher Weltmeister. Pelé, der schwarze Ballartist, wird wohl für immer als der allergrößte Fußballstar in die Geschichte eingehen. Vereine wie »Flamengo« oder »Corintians« sind auch außerhalb der Landesgrenzen bekannt.

Gewalt

Die zunehmende Gewalt *(violência)* ist ein ernstes Problem in den Millionenstädten Brasiliens. Experten sprechen in diesem Zusammenhang schon von einem nicht erklärten, stillen Bürgerkrieg. Seine Ursachen liegen im schreienden Elend und besonders im krassen Mißverhältnis von Arm und Reich. Hinzu kommt leider noch die Ohnmacht des Staates.

Goldgräber

Mehr als 400 000 Goldgräber wühlen vorzugsweise in Amazonien nach Gold — mit ihren Familien sind es einige Millionen Menschen, die mit Goldgräberei ein erbärmliches Dasein fristen. Wie der Luftraum, so ist auch der Untergrund in Brasilien gesetzlich frei zur allgemeinen Nutzung, deshalb können die Goldgräber auch auf Privatgrund buddeln — wenn sie den Besitzer am Gewinn beteiligen. Goldgräberei verursacht erhebliche ökologische Schäden und Krankheiten bei den Indianern.

Serra Pelada, einst die größte Goldmine Brasiliens

Indianer

Ursprünglich lebten wohl einmal rund 5 Millionen Indianer auf dem Gebiet des heutigen Brasilien. Übriggeblieben sind rund 200 000 Indianer in Amazonien, die sich untereinander kaum verständigen können. Riesige geographische, kulturelle und sprachliche Distanzen trennen die rund 800 größten Indianerstämme. Das macht ihre Verdrängung (und Vernichtung) durch die moderne Zivilisation noch leichter. Rund fünf Prozent des Staatsgebietes sind als Indianerschutzgebiete ausgewiesen. Aber wer will und kann das schon regelmäßig kontrollieren?

Inflation

Brasilien steckt im Teufelskreis von Armut, Unterentwicklung und Inflation. Dabei galt das tropische Riesenreich lange als »Schwellenland«, das bald den Eintritt in den Klub der reichen Industrienationen vollziehen würde. Doch bei der rasanten technologischen Entwicklung konnte Brasilien aus vielen Gründen nicht mithalten. Für die hohe äußere und innere Verschuldung zahlen die Brasilianer mit der Inflation, die die Reichen begünstigt und die Armen ärmer macht. Die Währungsreform von 1994 hat die Inflation bisher überraschend wirksam bremsen können, aber kaum etwas an sozialer Ungerechtigkeit geändert.

Jeito

Ein Schlüsselwort in Brasilien. *Jeito* – das ist der Kniff, der Trick, der Ausweg und die Kunst, Unmögliches möglich zu machen. Ohne *jeito* funktioniert gar nichts. Deswegen heißt es: *Sempre dá um jeito* – es gibt immer eine Lösung. Man muß nur auf Gott vertrauen – denn *Deus é brasileiro* – Gott ist Brasilianer.

Kaffeeverarbeitung

Kaffee

Die Kaffeebohne galt bis zur Jahrhundertwende als das Hauptausfuhrprodukt Brasiliens. In den Bundesstaaten São Paulo, Espírito Santo und Minas Gerais liegen die größten Plantagen. Der Kaffeestrauch ist eine frostempfindliche Pflanze, die den Boden schnell auslaugt. Bis der Kaffee in die Tasse kommt, muß er einen delikaten Prozeß der Trocknung, Schälung und Röstung durchlaufen. Dabei haben die großen Kaffeemultis das letzte Wort.

Kakao

Wie Kaffee und Tee wirken die Alkaloide im Kakao auch belebend auf das Nervensystem. Das wußten schon die Indianer. Als der Kakao nach Europa kam, geißelte die Kirche das lästerliche Getränk, das sich aber gerade in den Klöstern schnell ausbreitete

16

Belgische und schweizerische Manufakturen widmeten sich den Geheimnissen der Schokolade. Brasilien ist einer der größten Kakaoproduzenten der Welt.

Karneval

Der Karneval ist ein kultureller Kosmos Brasiliens. Es gibt nicht nur einen, sondern ein Dutzend Karnevals – etwa den von Recife, von Olinda, von Bahia und von Rio de Janeiro. Gemeinsam ist ihnen eine euroafrikanische Wurzel – einerseits die höfischen Maskenbälle und andererseits die Sklavenfeste. Die Vitalität der afrikanischen Linie setzte sich mit Rhythmen und bunten Phantasien durch – aber erst seit rund 50 Jahren. Karneval ist im Grunde die Apotheose der Lebensfreude, ungestüm, sinnlich, orgiastisch.

Kautschuk

Die Zeiten des Booms sind vorbei, aber das prächtige Opernhaus in Manaus kündet noch von den ungestümen Zeiten, als Millionenvermögen mit der *hevea brasiliensis* gemacht wurden. Als es den Engländern in Malaysia gelang, den Kautschukbaum in Plantagen anzubauen, brach der Markt in Brasilien zusammen. Vorbei war es mit Glanz und Gloria am Amazonas.

Landreform

Über die Landreform spricht man inzwischen seit einhundert Jahren – aber es geschieht nichts. Nach wie vor besitzen einige wenige reiche Familien das beste Land, und Millionen Landloser und Elender müssen sehen, wo sie bleiben. Durch brutale Konflikte um das Land sterben jedes Jahr mehrere hundert Menschen.

Lotterie

Die Brasilianer sind Hasardeure. Sie setzen auf den hohen, schnellen Gewinn. Wenn sie dabei verlieren, macht es ihnen nichts aus: Morgen ist auch noch ein Tag. Fast jeder Brasilianer spielt in der »Tierlotterie« (*jogo do bicho*), die fest in den Händen der Halbwelt ruht. Offiziell ist dieses populäre Glücksspiel nämlich verboten und nur das staatliche Toto erlaubt – aber wer traut hier schon dem Staat?

Militär

Brasiliens Militär regierte von 1964 bis 1985, und Spötter behaupten, sie tun es noch immer hinter den Kulissen. In einer so wenig organisierten Gesellschaft wie der Brasiliens spielt eine geschlossene Gruppe wie das Militär natürlich eine wichtige Rolle, weniger für die Landesverteidi-

---

Goldgräberlogik

José da Silva hatte sein Leben lang geschuftet und nach Gold geschürft, ohne je mehr als ein paar Kreuzer damit zu verdienen. Bis er eines Tages einen Klumpen Gold fand. Nun war er der reichste Mann auf der Welt. Das Geld tauschte er gegen Banknoten, die er alle an eine Schnur band. »Jahrelang bin ich hinter dem Geld hergelaufen. Nun soll endlich mal das Geld hinter mir herlaufen!« begründete José sein merkwürdiges Verhalten.

gung (Brasilien hat keine Feinde) als für die innere Ordnung. Doch auch die Generäle sind in erster Linie Brasilianer, und das heißt, freundliche, großzügige und sehr zivile Menschen.

Mulata
Brasilien exportiert seine Schönheit mit der Mulata in tropischen Wäscheshows. Ihre hinreißende Sinnlichkeit und Musikalität ist nun mal einfach nicht zu übersehen. Aber das gilt auch für die Mulatos. »Schön und kaffeebraun sind nicht nur Brasiliens Frau'n. . .«. Mehr als ein Drittel der Bevölkerung sind Mulatten.

Rassismus
Brasilien ist stolz darauf, eine Rassendemokratie zu sein, und tatsächlich gibt es keine deutliche Diskriminierung der Menschen, bloß weil sie eine andere Hautfarbe haben. Aber eine soziale Taxierung der Menschen nach ihrem Teint geschieht sehr wohl.

Regenwald
Früher nannte man den tropischen Regenwald »grüne Hölle«. Dann bezeichnete man ihn als »Lunge der Erde«. Falsch ist beides. Aber richtig ist, daß der Regenwald für das Leben auf Erden eine ungeheure Bedeutung hat.

Durch Landspekulation, Holzfällerei und Viehwirtschaft wurden inzwischen mehr als 15 Prozent des amazonischen Regenwaldes zerstört. Internationale Proteste und Projekte führten zu einer Trendwende. Umweltfragen haben mittlerweile auch in Brasilien höchste Priorität.

Religion
Brasilien ist die größte christlich-katholische Region der Erde. Die Frömmigkeit ist im Volke tief verankert. Die brasilianischen Kleriker sind selbstbewußt, aber der Vatikan kann sich damit nur schwer abfinden. In Brasilien wurde die »Theologie der Befreiung« entwickelt – das heißt, die Zuwendung der Kirche zu den Armen. Trotzdem bekennen sich inzwischen immer mehr Brasilianer zu protestantischen Sekten oder zu religiösen Afro-Kulten.

Samba
Samba ist der bekannteste der ursprünglich afrikanischen Rhythmen, die in immer neuen Varianten Eingang in die brasilianische Musik finden. Der Takt liegt den Leuten im Blut, Rhythmus und Musikalität sind Grundelemente der brasilianischen Kultur, wie sie in dieser Bedeutung in Europa nie vorhanden waren.

Saudade

Ein Wort, das man nicht übersetzen kann; es bezeichnet ein Gefühl der Sehnsucht, Zuneigung, Liebe, Heimweh und auch manchmal der elegischen Traurigkeit. Ohne Saudade keine melancholischen Liebeslieder und kein Gitarrenakkord.

Sprache

Brasiliens Sprache ist das Portugiesische, das aber viel weicher und einfacher gesprochen wird als im Mutterland, ähnlich wie sich das Amerikanische vom Englischen unterscheidet. Verglichen mit Spanisch klingt das brasilianische Portugiesisch ausgesprochen melodiös und sanft. Durch die fast französisch anmutenden Diphthonge (86 verschiedene machen es dem Ausländer schwer) ist die korrekte Aussprache für nordische Zungen nicht leicht zu erlernen, die Grammatik ist jedoch eher einfacher als im Spanischen, mit dem man sich in Brasilien notfalls auch durchschlagen kann.

Strände

8000 Kilometer Atlantikstrände! Da findet sich für jeden Geschmack etwas. Die granitene Steilküste im Süden flacht sich immer mehr nach Norden ab und geht dann fast vollständig in eine Dünen-Lagunen-Landschaft über. Wo keine Riffe vorgelagert sind, muß man mit einer kräftigen Brandung rechnen.

Zucker

Das Zuckerrohr kam ursprünglich aus Arabien und über die portugiesische Insel Madeira nach Brasilien. Besonders die Holländer engagierten sich im Anbau des Zuckerrohrs auf Plantagen. Wegen der kostbaren Süßigkeit wurde ein regelrechter Völkermord an afrikanischen Sklaven betrieben. Die Herstellung des Zuckers aus dem Rohr bedarf relativ hoher Investitionen für Mühle, Raffinerie und Maschinenpark. Als die Europäer dazu übergingen, Zucker aus Rüben zu gewinnen, ging es mit den Zuckerbaronen in Brasilien bergab.

Die langen Stiele des Zuckerrohrs enthalten etwa 15 Prozent Zucker

Fleischberge vom Grill und süße Früchte

Zum Nachtisch darf das brasilianische Nationalgetränk,
der schwarze und süße cafezinho, nicht fehlen

Das Riesenland Brasilien bietet in seiner Küche keine Riesenauswahl, aber dafür gigantische Portionen. Anders als in den benachbarten spanisch beeinflußten Anden-Ländern verbinden sich hier portugiesische mit indianischen und schwarzafrikanischen Traditionen. Die Fast-food-Kultur des großen Bruders aus dem Norden setzt sich in Brasilien gottlob nur sehr mühsam durch. Von Nord nach Süd und Ost nach West finden sich entlang der Landstraßen unzählige Churrascarias, die Buspassagiere und Ritter der Landstraße so gut versorgen, daß europäische Autobahnraststätten vor Neid und Scham erblassen müßten.

Saftiges Rindfleisch ohne Hormone (dafür gelegentlich zäh), brutzelnd frisch vom Grill – die Ober bringen es an großen Spießen ununterbrochen an die Tische und schneiden die gewünschten Portionen ab: Schulter, Nacken, Lende; auch Hüh-

Deftig sind Brasiliens Nationalgerichte, und vor allem schätzt man große Portionen

nerkeulen und Schweinesteaks gehören dazu. Am Salatbuffet bedient man sich nach Belieben. Und das alles zu einem Pauschalpreis von umgerechnet 10–20 Dollar. Eine solche Mahlzeit hält den ganzen Tag vor.

Als Schwerstarbeiter-Essen muß man auch die *feijoada* bezeichnen, die vorzugsweise an Sonnabenden serviert wird. Ein deftiges Essen, das früher den Sklaven gereicht wurde und das nun als Nationalgericht auch in die besten Restaurants Eingang gefunden hat: schwarze Bohnen, Schweinsfüßchen und -ohren, Wurstscheiben, Rindfleischstücke, Orangen, Reis und gedämpfter, fein geschnittener Kohl. Ohne Zuckerrohrschnaps und viel Bier bringt man die Kalorienbombe kaum herunter. Und meist stellt sich nach diesem reichlichen Mahl sofort eine ungeheure Schläfrigkeit ein, die bis zum Montag dauern kann.

Ein ausgesprochen traditionelles portugiesisches Gericht, das die Brasilianer sehr mögen, ist *bacalhau*, Stockfisch, der gewässert und gedünstet wird. Dem entspricht auf fleischlicher Basis

Auch auf kleinen Märkten gibt es ein vielfältiges Obstangebot

carne seca, luftgetrocknetes Rindfleisch, das besonders gerne im Nordosten gereicht wird.

Rind, Schwein und Huhn liefern die Kalorien und das tierische Eiweiß, fast unbekannt ist Hammelfleisch. In Fernfahrerkneipen oder auf dem Lande kann man gelegentlich solche exotischen und verbotenen Braten wie die vom Gürteltier oder Krokodil schmecken.

Churrasco und *feijoada* – die beiden im ganzen Land verbreiteten Gerichte – lassen schon ahnen, daß im tropischen Brasilien leichte Salate und klimagerechte Schonkost eher Mangelware sind. Pioniere und Sklaven hatten keine Zeit für Canapés und Spargelcreme. Anders liegen die Dinge bei den Regionalküchen der europäischen Einwanderer und dort, wo Fische und Meeresgetier vorhanden sind.

Eine besondere Stellung aber nimmt die afrikanische Küche von Bahia ein. Sie ist auch eine Küche der Armen, die mit viel Improvisation aus den vorhandenen Grundnahrungsmitteln ein geschmackliches Höchstmaß herauszukitzeln weiß.

Die afrikanisch geprägte Küche Bahias hat nicht nur zahlreiche köstliche Gerichte mit phantasievollen Namen wie *pé-de moleque* (Knabenfuß), eine Süßspeise aus Kokosflocken, oder *bobo de camarão*, Garnelen mit Mandioka, Cashewnüssen und Kokosmilch, hervorgebracht, sondern den brasilianischen Speisezettel vor allem mit scharfen und erfrischenden Kombinationen bereichert, die die zumeist gewürzarme portugiesische Küche nicht kannte.

Die Hauptgerichte der bahianischen Küche sind der *caruru*, der *vatapá*, der *efó*, der *aracajé* und die *moqueca*. Letztere ist ein Sud aus Krabben und Gemüse, gewürzt mit Pfeffer, dem rötlichen Palmöl *(dendê)* und Kokosmilch Die Kokosnuß spielt als Rohstoff bei den Dutzend süßen Köstlichkeiten der bahianischen Desserts eine besondere Rolle. *Cocada* (Kokosraspeln) in vielen Variationen und süße, kleine Puddings gehören als Nachtisch zu den scharfen Hauptgerichten.

Brasilien ist das Paradies der Fruchtsäfte. In fast jeder Stadt finden Sie einen Saftladen, der mehr als ein Dutzend unbekannter tropischer Früchte in den Becher mixt. Probieren Sie ruhig einmal die *sucos* aus den vielen verschiedenen Früchten. Die Auswahl ist groß:

Abacate Avocado (süß)
Abacaxi Ananas
Beterraba rote Rübe
Caju Cashew
Cacau Kakao
Cana Zuckerrohr
Caqui Kaki

Cenoura Möhre
Coco Kokosnuß
Goiaba Guave
Graviola gelbe, außen grüne Frucht aus dem Nordosten
Laranja Orange
Lima Limonenart
Limão Limone
Mamão Papaya
Maracujá Passionsfrucht
Melancia Wassermelone
Pêssego Pfirsich

Mit Milch gemixt, wird aus dem Fruchtsaft *vitamina*.

Auf dieser breiten tropischen Fruchtbasis beruhen auch das köstliche Speiseeis und die mit Zuckerrohrschnaps angereicherten *batidas*.

Wer es herber möchte, dem seien die recht guten brasilianischen Weine empfohlen. Der deutschen Zunge munden besonders die trockenen Tropfen der Marke »Almaden« — Riesling.

Die alkoholische Krone aber gehört der Caipirinha, die zu jeder Gelegenheit getrunken werden kann: Einige Limonen werden zerschnitten und zerstampft, ein bis drei Löffel Zucker darüber, eine kräftige Dosis Zuckerrohrschnaps *(cachaça* oder *pinga)*, Eiswürfel — fertig. Als Gegenmittel empfehlen wir brennend heißen, süßen *cafezinho*.

Lukullische Spezialitäten

Ritter der Landstraße

Die Ritter der Landstraße, die mit ihren großen LKW-Zügen Stadt und Land versorgen, haben ihre eigene Philosophie, die nicht selten kurz und knapp die Schmutzfänger ziert:
»Die erste Illusion im Menschenleben — der Schnuller«
»Wer sich mit Hunden einläßt, kriegt Flöhe«
»Gott heilt, und der Arzt stellt die Rechnung«
»Frauen sind wie Steaks — erst geklopft sind sie zart«
»Wer am Steuer einschläft, wacht im Himmel auf«

Weiße Spitzen aus schwarzer Hand

Echte Volkskunst, die noch nicht im Museum zu finden ist, sondern auf den Märkten

Brasilien ist ein junges Land, und der Pioniergeist der offenen Grenze ist viel wichtiger als Tradition und Tafelsilber. Was man an schönen und interessanten Sachen in Brasilien kaufen und mit nach Hause nehmen kann, sind zumeist Dinge, die eher durch Ursprünglichkeit und Kreativität auffallen als durch handwerkliche Tradition — mit Ausnahme der indianischen Arbeiten. Dafür empfehlen sich die Läden der staatlichen Indianerorganisation FUNAI. Zu festen Preisen findet man dort eine reiche Auswahl von Federschmuck und Ketten, Körben und Kalebassen. Auf jedem Artikel ist die Stammesherkunft vermerkt.

Wer Edel- und Halbedelsteine kaufen möchte, sollte sich sehr gewissenhaft kundig machen. Dem Straßenhändler mit dem garantiert echten Diamanten in der Faust ist eher nicht zu trauen. Aber auch sich vornehm gebende Juweliergeschäfte sind keineswegs immer reputierlich. Jede Region Brasiliens hat ihr be-

Überall findet man Straßenhändler

sonderes Kunsthandwerk. Ob es sich um naive Malerei handelt, Blechspielzeug aus alten Konservendosen, Lehmfiguren von Caboclos, Klöppelarbeiten der Landfrauen aus dem Nordosten, Spitzenstoffe, Holzdrucke, Musikinstrumente, Schmuck aus Muscheln, Hängematten oder Lederwaren. Die Kreativität der Künstler aus dem Volk ist immer wieder erstaunlich. Brasilianische Volkskunst ist in Europa noch so gut wie unbekannt.

Wie in allen tropischen Ländern gehört Handeln zum Ritual des Einkaufs außerhalb des Geltungsbereiches der Supermärkte. Dabei geht es weniger um Heller und Pfennig, sondern eher darum, ein Schwätzchen zu halten, einen Witz anzubringen, den Handelspartner ein wenig kennenzulernen, also den Waren-Geld-Austausch zu humanisieren. Lachen ist das beste Argument. Bloß nicht verbiestert herumfeilschen! Und bitte nicht nach dem abgeschlossenen Handel das Geld nachzählen! Es wäre eine Beleidigung für den Verkäufer, wo man sich doch beim Handel so nahegekommen ist!

König Karneval regiert

Das Leben — ein einziges Fest!
Die Brasilianer verstehen es zu feiern

Kein anderes Volk der Erde ist dem Glück des Augenblicks so zugewandt wie das brasilianische. Die Fähigkeit, die triste Vergangenheit und die düstere Zukunft zu vergessen und der Gegenwart das Beste abzugewinnen, ist das Geheimnis der brasilianischen Seele.

Und Grund zum Feiern findet sich immer: mit ein paar Gläschen Bier, brutzelnden Fleischbrocken auf dem Grill und der Gitarre in der Hand. Dann wird gesungen und musiziert, und niemand käme auf die Idee, die Polizei wegen Ruhestörung zu rufen. Die Feste sind den Brasilianern heilig, und die Heiligen feiern Feste. Jede Stadt hat ihren Schutzpatron, dessen Namenstag ausgiebig gefeiert wird. Der Kirchenkalender, die afrobrasilianischen Kulte und die nationalen Feiertage sind nur der äußere Rahmen für die tropische Lebenslust.

Pomp und Glitter gehören zum Karneval in Rio de Janeiro, dem nationalen und internationalen Fest der Lebensfreude

GESETZLICHE FEIERTAGE

1. Januar — *Neujahr*
Karfreitag/Ostersonntag
21. April — *Tiradentes (Revolutionstag)*
1. Mai — *Tag der Arbeit*
Fronleichnam
7. September — *Unabhängigkeitstag*
12. Oktober — *Nossa Senhora Aparecida (Fest der Mutter Gottes)*
2. November — *Allerseelen*
15. November — *Ausrufung der Republik*
25. Dezember — *Weihnachten*

FESTE

Januar
1. Januar: *Salvador da Bahia, Schiffsprozession*
Eine riesige, buntgeschmückte Flotte legt beim Mercado Modelo ab und schippert zur Kirche Boa Viagem, um dem Schutzpatron der Fischer und der Reisenden zu huldigen. Vor der Kirche entwickelt sich dann ein turbulenter Jahrmarkt mit Musik, Schwof und Capoeira, dem akrobatischen Kampftanz der ehemaligen Sklaven.

MARCO POLO TIPS FÜR FESTE

1 **Karneval in Salvador da Bahia**
Laut, bunt und unwiderstehlich (Seite 28)

2 **Silvester an der Copacabana**
Eine Massenorgie, wie nur diese Stadt sie feiern kann (Seite 29)

3 **Ostern in Ouro Preto**
In der barocken Goldstadt wird während der ganzen Karwoche pompös und traditionell gefeiert, am Ostersonntag sind die Straßen ein einziger Blumenteppich (Seite 29)

Ende Januar: *Salvador da Bahia, Lavagem do Bonfim*
Die ganze Stadt ist auf den Beinen, um dabeizusein, wenn die weißgekleideten Mütter der afrikanischen Kulte Candomblé, Macumba und Umbanda die Basilika von Bonfim mit Wasser und Parfüm waschen und mit Blumen schmücken. Ein rauschendes Volksfest schließt sich an.

Februar/März
2. Februar: *Fest der Meeresgöttin Jemanyá*
Die Anhänger der Afro-Kulte ziehen im Festtagsstaat zu den Stränden, besonders von Bahia und Rio, um der Meeresgöttin und dem Symbol der Fruchtbarkeit Jemanyá zu opfern. Macumba-Trommeln, Trance und Taufen im Meer. Blumenbeladene Boote schwimmen hinaus aufs Meer.
Karneval: 9.–10. 2. 1997, 22. bis 23. 2. 1998, 14.–15. 2. 1999
Der brasilianische Karneval leidet unter vielen Klischees. Das schlimmste verbreitet das Fernsehen. Der unbefangene TV-Zuschauer mag glauben, es handle sich um eine Porno-Show. Nackte Busen und »Bum-Bums« (so nennt man in Brasilien klar und plastisch den Allerwertesten) gehören schon dazu, aber nicht ausschließlich. Im brasilianischen Karneval explodiert die Lebensfreude auf exhibitionistische Art. Mit ganz eigenen Regeln — und die sind von Stadt zu Stadt verschieden. In Belém und Recife tanzt das Volk auf den Straßen zum Rhythmus des Frevo, einer schrägen, karibischen Musik, deren Schritte einfach aussehen, aber fürchterlich kompliziert sind. Das Kostüm beschränkt sich auf Badesachen. In den Gassen von Olinda hat der Karneval einen fast intimen, nachbarschaftlichen Charakter. Laut ist die Musik natürlich auch hier.

★ Bahias Straßenkarneval besteht aus einer drei Tage und drei Nächte dauernden Fete, die weltweit ihresgleichen sucht. Wer daran teilnehmen möchte, muß schon starke Nerven haben und sich auf das leichteste Kostüm beschränken: auf Badehose und Tennisschuhe (auch um das Geld zu verstecken), die man am Aschermittwoch in die Mülltonne werfen kann. Der Sound peitscht aus den »Trios Elétricos«, fahrbaren Mammut-Musiktruhen, auf deren Dach die Band rackert.

28

Der Karneval von Rio de Janeiro hat die Straße verlassen und sich in die vornehmen Klubs verkrochen; nun defiliert er in der größten, buntesten, aufregendsten Show der Welt durch das Sambódromo. Die Eintrittspreise dafür sind gesalzen, aber sie lohnen sich. Unten vor den Tribünen tanzt das Volk der Favelas, in dieser einen Nacht das reichste Volk der Welt. Jung und alt, hübsch und häßlich, der Triumph des Lebens und der Lust über Leid und Frust. Ein ergreifendes, geradezu metaphysisches Schauspiel, dessen unerfreuliche Begleiterscheinungen (Überfälle usw.) nichts daran ändern, daß der Karneval von Rio der schönste Jubel der brasilianischen Seele ist.

März/April

Ostern: *Semana Santa in Minas Gerais*
Die Menschen im Bergland zelebrieren besonders große und fromme Prozessionen, eindrucksvoll vor allem in ★ Ouro Preto. Man schmückt das Pflaster der steilen Gassen mit Blumengirlanden oder Farbteppichen aus Sand. Vor den Kirchen führen Laiendarsteller die biblische Leidensgeschichte mit echten Pappschwertern und schnaubenden Rössern auf.

Mai/Juni

Pfingsten: *Festa do Divino*
Im brasilianischen Hinterland, besonders in Pirenópolis, Anlaß für eine Reihe von lokal sehr unterschiedlichen Festen religiösen Ursprungs: rituelle Tänze, Reiterturniere (»Mauren« gegen »Christen«) und Massenspeisung aus der Gulaschkanone.

Juni: *Festas Juninas*
Die Sonnenwende wird begrüßt – Grund, um mit den Nachbarn bei Bier und Schnaps und dem unvermeidlichen Grill zu feiern.
23. Juni: *Bumba meu boi*
Der Boi, ein Pappmaché-Ochse, kämpft gegen das ganze »Gesinde« und die tumben »weißen Herren« einschließlich des Herrn Doktor, des Herrn Oberst und des Pfaffen. Das ländliche Fest aus dem Nordosten ist ein herrlicher Schabernack.

Oktober

Oktoberfest in Blumenau
Eine Kopie des Münchner Oktoberfestes, aber immerhin eine gelungene. Aus ganz Brasilien strömt das Volk heran, um einmal »teutonisch« zu feiern: Samba mit Blaskapelle, eine besonders synkretistische Erfindung.
Círio de Nazaré in Belém
Abertausend Sünder ziehen an einem Tau zur Kirche, um Gelübde abzulegen und Buße zu tun.

Dezember

Weihnachten
Man feiert schlicht und einfach im Familienkreis. Aber die Kirchen sind mit schönen Krippen geschmückt. Und im Fußballstadion von Rio schwebt der Weihnachtsmann mit dem Hubschrauber vom Himmel herab.
Silvester an der Copacabana
★ Bei klassischer Musik mit vielen tausend Phon zieht es Millionen an den Strand zum Schwof und zu den Macumba-Zeremonien. Weiße Kleidung ist Pflicht. Viele tausend Kerzen flackern im Sand, und ein Riesenfeuerwerk bricht los. Die Müllmänner von Rio haben am 1. Januar ihren härtesten Tag.

Das Wunder einer Bucht

Luxusstadt und Elendsquartier,
Rio de Janeiro ist immer noch ein Magnet

Bereits einer der ersten europäischen Besucher der Bucht von Rio de Janeiro war so begeistert über die natürliche Schönheit des Ortes, daß er ins Logbuch schrieb: *Tudo és graça que dela pode dizer.* »Welch eine Anmut geht von dieser Bucht aus!« Kapitän Tomé de Souza war kein Schwärmer, sondern der Generalgouverneur der ersten Capitanias, ein Bastard aus einem der edelsten Häuser Portugals, der be-

Der Strand von Ipanema/Leblon mit Blick auf die »Zwei Brüder«

reits in Asien sein Talent als Feldherr und Staatsmann bewiesen hatte. Seine Aufgabe war es, die Schlupfwinkel französischer Freibeuter auszuräuchern und strategisch wichtige Punkte zu befestigen, seit die Portugiesen 1500 bei Porto Seguro gelandet waren.

Entdeckt worden war der Platz von den Portugiesen im Jahr 1502 — oder vielleicht ein Jahr früher? Da streiten sich die Historiker. Weil die Entdecker die Guanabara-Bucht für eine riesige Flußmündung hielten, tauften sie sie Rio de Janeiro, Ja-

---

Hotel- und Restaurantpreise

Hotels
Kategorie 1: über 100 Mark
Kategorie 2: 30 bis 100 Mark
Kategorie 3: bis 30 Mark
Die Preise gelten für eine Person im Doppelzimmer mit Frühstück pro Nacht.

Restaurants
Kategorie 1: über 40 Mark
Kategorie 2: 20 bis 40 Mark
Kategorie 3: unter 20 Mark
Die Preise gelten für ein Essen mit Vor-, Haupt- und Nachspeise inklusive eines Getränks.

Wichtige Abkürzungen

Al.	*Alameda* (Allee)	**Ed.**	*Edifício* (Gebäude)
Av.	*Avenida* (Straße)	**P.**	*Praça* (Platz)

nuarfluß. Mit Hilfe der Indianer konnten die Portugiesen verhindern, daß französische Freibeuter den Naturhafen in die Hand bekamen. Doch erst im 18. Jh. wurde Rio der wichtigste brasilianische Handelsplatz und überflügelte Salvador da Bahia.

Gold aus Minas Gerais und Kaffee aus dem Hochland waren wichtigere Ausfuhrprodukte als der Zucker geworden. Der Hafen von Rio lag näher an diesen Quellen. Als Napoleon Portugal besetzte und der Lissabonner Hof samt Gesinde nach Brasilien flüchtete, wurde Rio de Janeiro die Hauptstadt »beider Portugal« und nach der Unabhängigkeit die Hauptstadt des Kaiserreiches Brasilien.

Während Europa in Kriegen verblutete, funkelte der »Stern von Rio« wie nie zuvor. Stefan Zweig, der Bestseller-Autor der dreißiger Jahre, wählte sich Petrópolis bei Rio als Exil und widmete Brasilien ein hymnisches Buch (»Brasilien – Land der Zukunft«). Er schildert Rio de Janeiro so: »Ihre Schönheit läßt sich kaum wiedergeben. Denn hier hat die Natur in einmaliger Laune von Verschwendung von den Elementen der landschaftlichen Schönheit alles in einem engen Raum zusammengedrückt, was sie sonst sparsam auf ganze Länder verteilt. Hier ist das Meer, aber Meer in allen seinen Formen und Farben, grün anschäumend am Strand von Copacaba-

MARCO POLO TIPS FÜR RIO

1 Zuckerhut
Über- und Einblick in die Stadt mit lustiger Seilbahnfahrt und Erinnerungsfoto (Seite 35)

2 Corcovado
Keine Wiederholung von 1, sondern ein noch weiterer Blick über die phantastische Landschaft von Stadt und Bucht (Seite 34)

3 Copacabana
Bummel am größten Stadtstrand der Welt mit Bad in den Wellen des Atlantiks (Seite 41)

4 Canecão
Musica popular brasileira – die nationale Bühne der Musikstars vor 1700 Zuhörern (Seite 39)

5 Karneval
Im Sambódromo und dem Taumel der Begeisterung: ein Blick in die brasilianische Seele (Seite 29)

6 Confeitaria Colombo
Nach einem Bummel durch die Innenstadt der richtige Ort, um die Füße auszuruhen (Seite 36)

7 Paquetá
Tagesausflug mit Schiff in die Bucht und auf eine idyllische Insel ohne Autos (Seite 40)

8 Parati
Wochenendausflug in ein schmuckes Kolonialstädtchen an der »Grünen Küste« mit Badevergnügen (Seite 40)

Bunt und laut geht es zu, wenn in Rio ein Sambafest gefeiert wird

na von der unendlichen Ferne des Ozeans . . . und dann wieder in der Bucht glatt und blau an den flachen Sandstrand sich schmiegend oder die Inseln zärtlich umschließend . . . überall ist die Natur eine überschwengliche und doch harmonische; und inmitten der Natur die Stadt selbst, ein steinerner Wald – eine Luxusstadt, ein Elendsquartier, eine Hafenstadt. Und über allem ein seliger Himmel, tiefblau des Tags wie ein riesiges Zelt und nachts besät mit südlichen Sternen; wo immer der Blick in Rio hinwandert, ist er von neuem beglückt.«

Die letzten 30 Jahre haben Rio de Janeiro (6 Mio. Ew.) arg gebeutelt. Armut und Elend haben sich wie Krebsgeschwüre aus den sumpfigen Barackenstädten bis weit in die Stadt und selbst an die Copacabana vorgeschoben. Unfähige und korrupte Politiker haben der Stadt buchstäblich jede Zukunft verbaut. Es ist schon erstaunlich, wie die Menschen diese von der Natur so sehr begnadete Stadt verschandeln und verdrecken. Und trotzdem bietet das tropische Rio de Janeiro immer noch ein urban-maritimes Schauspiel, das in keiner anderen Metropole auf der Welt zu finden ist. (**L 9**)

BESICHTIGUNGEN

Altstadt

Wenigstens einen Tag lang sollte man sich im alten Zentrum von Rio umsehen. Gute Nerven und offene Augen sind angebracht. Langsam, aber sicher wird die Altstadt zu einer einzigen großen Favela. Hinter den schönen verschnörkelten Fassaden der Gründerzeit liegen nicht selten Trümmergrundstücke oder Parkplätze, was auf dasselbe hinausläuft. So wie der Seilbahntrip auf den Zuckerhut, gehört eine Fahrt mit Rios ältester und einziger Straßenbahn zum unverzichtbaren Teil eines Stadtbesuchs. Mit der Elektrischen zuckeln Sie durch schöne alte Viertel langsam in kühlere Berggefil-

Favela bei Rio

de.✤ Rings um den Largo Carioca und die Praça 15 de Novembro brodelt das Leben. Lassen Sie die Welt in einem der Straßenrestaurants vor dem Stadttheater an sich vorüberziehen.

Botanischer Garten

Eine Oase der Ruhe in der quirligen Stadt und der richtige Ort für Verliebte und Liebhaber der tropischen Natur, die hier ordentlich und sauber wächst – so, wie man den Dschungel von den Bildern des Zöllners Rousseau her kennt. *Tgl. außer Mo 8–17 Uhr, Rua Jardim Botânico 920, Tel. 021/ 274 82 46*

Convento de Santo António

Das Franziskanerkloster, eines der ältesten im Lande, ruht mitten in der Stadt über dem Largo Carioca. Die Kirche wurde im 17. Jh. errichtet und besitzt einen Chor mit reicher Schnitzerei. An die Kirche und den erhöhten Vorplatz, »den Balkon von Rio«, angelehnt, befindet sich die bedeutendere Igreja da Ordem Terceira de São Francisco de Penitência, deren Innenraum ganz mit vergoldeten Schnitzereien überzogen ist. *Largo Carioca*

Corcovado

★ ⚜ Segnend breitet der Art-déco-Christus seine Arme über die Stadt. Vom 704 m hohen Corcovado genießt man ein geradezu göttliches Panorama. »Gott hat die Welt in sieben Tagen geschaffen, aber am achten Tag widmete er sich ganz allein Rio de Janeiro«, sagen die Cariocas stolz, und wer je auf dem Corcovado war, der kann das bestätigen. Hoch kommt man mit der Zahnradbahn oder über eine Autostraße durch den Bergwald. *Zahnradbahn tgl. 8–18 Uhr, Fahrt einfach ca. 5 Dollar*

Christus-Statue auf dem Corcovado

Mosteiro de São Bento

Die Kirche des Benediktinerklosters gegenüber der Ilha das Cobras, dem Arsenal der Marine, gilt als eine der schönsten Kirchen von Rio und eines der bedeutendsten Gesamtkunstwerke des lusitanisch-brasilianischen Barock. Als man 1589 mit dem Bau begann, mußte erst ein Damm durch das Sumpfgebiet gelegt werden. Außen eher nüchtern, prunken im Inneren reiche vergoldete Schnitzereien an Wänden und Altären. Ein dunkel-kühler Hort der Stille im Trubel der Stadt. *Sonntags um 10 Uhr Messe mit gregorianischem Choral, zu besichtigen 14.30-17.30 Uhr, Morro de São Bento*

Nossa Senhora da Candelária

Bis zum Bau der neuen Kathedrale (1976) die größte Kirche Rios, wirkt sie heute klein, umgeben von Hochhäuserfluchten und umtost vom Verkehr. Der Marmor wurde eigens aus Italien importiert. *Av. Getúlio Vargas*

Nossa Senhora da Glória

In der hübschen kleinen Kirche ◈ oberhalb der Bucht von Flamengo werden gerne Hochzeiten gefeiert. Interessant sind vor allem die Azulejos, Fliesen mit biblischen Szenen aus dem 18. Jh. *P. Nossa Senhora da Glória*

Paço Imperial

Das älteste Regierungsgebäude von Rio, 1743 erbaut, diente den Kolonialgouverneuren als Residenz, bis sich die königliche Familie auf der Flucht vor Napoleon aus Lissabon kommend dort einnistete. Doch das düstere Gemäuer schien den Herrschaften nicht komfortabel genug zu sein. So erbaute man bald in der Quinta da Boa Vista ein anderes Stadtschloß, dazu das Sommerschloß in Petrópolis hoch in den Bergen. Heute dient der ehemalige Stadtpalast für Konzerte und wechselnde Ausstellungen; davor wird täglich ein Markt für Lederwaren, Schmuck und Kleider abgehalten. *P. 15 de Novembro*

Zuckerhut

★ ◈ Er ist das phallische Wahrzeichen der Stadt. *Pão de Açúcar*, also »Zuckerbrot«, nennen ihn die Brasilianer. Der Zuckerhut ist ein 394 m hoher Granitblock, der jäh aus den Fluten emporragt und gewissermaßen den Torpfosten zum Eingang der Bucht von Guanabara bildet. Hinauf kommt man in zwei Etappen mit der Drahtseilbahn. Besonders eindrucksvoll ist der Blick über die Stadt und die Bucht bei tiefstehender Sonne. Nicht selten krönt ein Wölkchen das Wahrzeichen der Stadt. *Tgl. 8–22 Uhr, Teleférico Pão de Açúcar, Tel. 021/ 5413737, Fahrt ca. 10 Dollar*

MUSEEN

Rio ist nicht unbedingt eine Stadt, die zu Museumsbesuchen auffordert. Wann ist der Himmel schon mal so verhangen, daß keine bessere Alternative bleibt?

Museu Chácara do Céu

◈ Auf auf einer malerischen Anhöhe in Santa Teresa gelegen. Privatsammlung moderner Meister. *Di–Fr 13–17 Uhr, Rua Murtinho Nobre 93, Tel. 021/232 13 86*

Museu da República

Das historische Museum im 1858 erbauten alten Präsidentenpalast Catete zeigt Exponate aus der jüngsten Geschichte Brasiliens. *Di–So 12–17 Uhr, Rua do Catete 153, Tel. 021/225 43 02*

Museu Histórico Nacional

In einem dem Thema entsprechenden kolonialkaiserlichen Gemäuer. *Di–Fr 10–17.30, Sa/ So 14.30–17.30 Uhr, P. Marechal Ancora, Tel. 021/220 58 59*

Museu Nacional de Belas Artes

Ein reicher Fundus der Malerei des 19. Jahrhunderts und einige berühmte Werke der brasilianischen Moderne, für Kunstfreunde ein Muß. *Di−Fr 12−18, Sa/So 14−18 Uhr, Av. Rio Branco 199, Tel. 021/240 00 68*

RESTAURANTS

Urige Altstadt-Lokale (die am Wochenende meist geschlossen sind), die Strandrestaurants der Copacabana mit den leichten Mädchen am Nebentisch, die Schickimicki-Pinten von Ipanema − Rios Gastronomie bietet viel, auch wenn sie nicht an das Niveau von São Paulo heranreicht.

Bar Luís
Bierkenner versichern, daß hier der frischeste Stoff aus den Hähnen rinnt. Treffpunkt der Geschäftsleute zu Mittag, um deftig-deutsches Essen zu konsumieren. *Tgl. außer So 11−24 Uhr, Rua da Carioca 39, Tel. 021/ 262 19 79, Kategorie 2*

Café do Teatro
In den Katakomben des Stadttheaters, die mit assyrischem Design ausgestattet sind, bei leiser Pianomusik und Kerzenschimmer zu Mittag speisen. Der richtige Ort, um große geschäftliche Transaktionen in der City vorzunehmen − aber mit Schlips und Kragen braucht man trotzdem nicht zu erscheinen. *Mo−Fr 11 bis 16 Uhr, Av. Rio Branco, Tel. 021/262 41 64, Kategorie 2*

Churrascaria Palace
Reichhaltiges Büffet und besonders saftiges Fleisch. *Tgl. 11.30 bis 1 Uhr. Rua Rudolfo Dantas 16 B (neben dem Copacabana-Hotel), Tel. 021/542 83 89, Kategorie 2*

Confeitaria Colombo
★ Über die enge Gasse Rua do Ouvidor (früher einmal vornehmste Adresse der Hutmacher und Weißwarenhändler) stoßen wir an der nächsten Ecke auf die ebenfalls schmale Rua Gonçalves Dias und in ihr auf die Confeitaria Colombo, eine Institution der Cariocas seit 1894. Die gigantischen Spiegel an den Wänden wurden eigens aus Belgien herangeschafft. Mit einem winzigen Aufzug gelangt man auf die Galerie, um dort bei einer Flasche guten Bohemia-Biers (Hausmarke), brasilianischen Speisen oder nur einer Kleinigkeit wie »Romeo und Julia« (Minas-Käse mit Guavengelee) von Rios Belle Époque zu träumen; damals, als es weder die Copacabana noch die Favelas gab. *Mo−Fr morgens ab 8 Uhr Frühstücksbuffet, abends*

Großer Onkel
Die Cariocas, die Bewohner von Rio de Janeiro, nehmen die Welt einfach nicht ernst, beklagen sich die Paulistas (die Bewohner von São Paulo) zumindest. Bei den Kommunalwahlen erlaubten sich ein paar Spaßvögel den Scherz, »Tião«, den »großen Onkel«, für das Rathaus vorzuschlagen. Und prompt erhielt der »große Onkel« auch die dritthöchste Stimmenzahl. Es nützte nichts. Er hockt immer noch hinter Gittern − im Zoo. Denn der »große Onkel« ist ein strammer Schimpansenmann.

geschl., Rua Gonçalves Dias 32 bis 36, Tel. 021/232 23 00, Kategorie 2

Grottamare

Alle Fischliebhaber und Freunde italienischer Küche sind in Ipanema ganz hervorragend bedient. Man sollte darauf achten, einen Tisch im rückwärtigen Teil zu bekommen – vorne ist es ungemütlich laut. *Tgl. außer So 12–15, 20–1 Uhr, Rua Gomes Carneiro 132, Tel. 021/287 15 96, Kategorie 2*

Marius

Wer wirklich hungrig auf riesige Fleischportionen ist, sollte diese Churrascaria aufsuchen – Essen bis zum Platzen. *Tgl. 11–2 Uhr, Av. Atlântica 290 (Leme), Tel. 021/542 23 93, Kategorie 2*

Le Saint Honoré

◀▶ Das beste Restaurant an der ganzen Copacabana in der 37. Etage des Meridien-Hotels. Man spricht Französisch, die Aussicht ist phantastisch, und für das Essen bürgt Paul Bocuse, bloß daß die Portionen wie in Brasilien üblich größer sind. *Tgl. außer So 12–15, 20–24 Uhr, Av. Atlântica 1020, Tel. 021/275 99 22, Kategorie 1*

EINKAUFEN

Hippiemarkt in Ipanema

Die Straßen Rios sind voll von Hökern und Händlern, die dem Fremden ihren bunten Plunder aufdrängen. Manchmal ist sogar etwas Originelles darunter. Aber wer etwas Besonderes sucht, findet hier jeden Sonntag von 9 bis 18 Uhr Trödel, Kunstgewerbe und Volkskunst. *P. General Osório und P. 15 de Novembro*

Juwelier H. Stern

Hans Stern, der Juwelier aus Essen, wird sich Ihnen bereits im Hotel per Prospekt bekannt gemacht haben. In Rio befindet sich das Zentrum seines Imperiums, und in Ipanema hat er sogar ein veritables Museum für Edelsteine errichtet, wo man bei der Verarbeitung der Edelsteine zusehen kann. Wer sein Geld in diesen schönen brasilianischen Glitzerdingen anlegen will, kann das bei Stern unbedenklich. *Edelsteinmuseum H. Stern, Mo–Fr 8.30–18, Sa 8.30–12 Uhr, Rua Visconde de Pirajá 4490, Tel. 021/259 74 42*

HOTELS

Arpoador Inn

Das einzige Hotel, das nicht durch eine Straße vom Strand getrennt wird, es liegt gleich am Anfang von Ipanema; aber nur bis in die Zimmer zur See hin rauscht die Brandung des Atlantiks. *Rua Francisco Otaviano 177, Tel. 021/247 60 90, Fax 511 50 94, Kategorie 2*

Caesar Park Hotel

Ohne Zweifel das erste Haus in Ipanema, mit dem international üblichen Komfort der fünf Sterne und dem Pool auf dem Dach. *221 Zi., Av. Vieira Souto 460, Tel. 021/287 31 22, Fax 521 60 00, Kategorie 1*

Copacabana Palace

Hier kann man richtig schön altmodisch wie Prinz Charles und Lady Di in besseren Zeiten oder einst die Zeppelinpassagiere residieren. *223 Zi., Av. Atlântica 1702, Tel. 021/255 70 70, Fax 235 73 30, Kategorie 1*

Jugendliche Motorradfahrer in Rio

Glória
Für Nonkonformisten, die plüschigen Komfort lieben und auf Strand vor dem Hotel verzichten können. *609 Zi., Flamengo, Rua do Russel 632, Tel. 021/205 72 72, Fax 245 16 60, Kategorie 1*

Sheraton Rio
Mit winzigem eigenem Badestrand unterhalb des Vidigal-Felsens, aber weit außerhalb. *561 Zi., Av. Niemeyer 121, Tel. 021/274 11 22, Fax 239 56 43, Kategorie 1*

SPIEL UND SPORT

Alpinismus
Zum Beispiel hoch auf den Zuckerhut: *Centro Excursionista Brasileiro, Tel. 021/226 75 10*

Drachenfliegen
Asa delta nennt man hier den Gleitflug. Vom Pedra Bonita (520 m) kann man für etwa 50 Dollar über Rio schweben. *Brasilianischer Drachenfliegerverein, Tel. 021/220 70 44*

Fitneß – Gymnastik
Allüberall, zum Beispiel im *Rio-Sul-Shopping Center, Av. Lauro Müller 116, Tel. 021/295 34 44.*

Fußball
Maracanã, das größte Fußballstadion der Welt, hat 200 000 Plätze; wichtige Spiele sind in der Zeitung angezeigt. *Estádio do Maracanã, Rua Prof. Enrico Rabelo, Tel. 021/264 99 62*

Golf
Gávea Golf and Country Club, Estr. da Gávea 88, Tel. 021/322 41 41

Pferderennen
Auf der Rennbahn von Gávea am Wochenende. *Hipódromo, P. Santos Dumont, Tel. 021/274 00 55*

Segeln
Boote jeder Größe, mit und ohne Besatzung, direkt bei der *Marina da Glória. Tel. 021/285 22 47*

Tauchen
Nicht in Rios Bucht, aber im weiteren Umkreis mit fabelhaften Tauchgründen. *Brazildiving, Tel. 021/275 98 64*

Wandern
❖ Im Gebirge, am Meer und zusammen mit Brasilianern, auch zu wenig bekannten Zielen, z.B. mit den Naturfreunden von »Ar livre«. *Tel. 021/208 30 29*

38

AM ABEND

Diskotheken und Tanzbars gibt es mehr als genug in Copacabana und Ipanema. Vorsicht wegen Gewalttätigkeit (und Aids) ist geboten. Rund um die Praça Lido in Copacabana ausgesprochene Rotlichtbars.

Canecão

★ Größter Musikschuppen Rios – so gut wie jeden Abend findet eine MPB-Show *(musica popular brasileira)* statt. *Ab 21.30 Uhr, Av.V. Brás (Botofago, beim Rio-Sul-Einkaufszentrum), Tel. 021/295 30 44*

Circo Voador

Für Tanzfreaks und Liebhaber der vitalen authentischen Sambas die allererste Adresse; beim alten Viadukt von Lapa. *So 22 bis 2 Uhr, Av. Mem de Sá, Tel. 021/ 252 82 31*

Gafiera Estudantina

Tanzschuppen traditioneller Art, von der reiferen Jugend bevorzugt. Noch kaum touristisch angehaucht. *Do—Sa ab 23 Uhr, P. Tiradentes 79 (Zentrum), Tel. 021/232 11 49*

Plataforma 1

Showpalast mit Auftritten bekannter brasilianischer Künstler. Geschmeidige, Mulatas bieten eine folkloristische Tanzshow, frei nach den Folies Bergères. *Tgl. ab 21 Uhr, Rua A. Ferreira 32 (Leblon), Tel. 021/2744 40 22*

AUSKUNFT

TURIS-RIO

Mo—Fr 9—18 Uhr, Rua da Assambléia 10 (Zentrum), 7. Stock, Tel. 021/531 19 22, Fax 531 18 72

Riotur

Tgl. 5—23 Uhr, Internationaler Flughafen Galeao, 1. Stock im rotblauen Bereich, Tel. 021/398 40 73, Fax 531 18 72

ZIELE IN DER UMGEBUNG

Búzios   (L 9)

Seit Brigitte Bardot diesen Strandabschnitt entdeckt hat, tummelt sich hier der Jet-set. Schicke Restaurants und Boutiquen, es ist alles da, was Saint-Tropez so bietet — plus Palmen, Tropical life, einmalig schönen Stränden und einer Sonnenscheingarantie das ganze Jahr hindurch — selbst wenn das Wetter in Rio schlecht ist. Von den vier Orten der Halbinsel *Manguinhos* der größte. 190 km

Floresta da Tijuca   (L 9)

✍ New York hat seinen Central Park und London seinen Hyde-Park, Rio jedoch den größten Stadtpark der Welt. Wasserfälle, Granitberge, üppig wuchernder Regenwald — der Inbegriff dessen, was Europäer unter tropischer Vegetation verstehen. Auf 500 m Höhe ist es immer einige Grade kühler als an der Küste. Der Nationalpark ist hervorragend mit Wanderwegen erschlossen. *Tgl. 8—17 Uhr, Eingang und Verwaltung: P. Antônio Vizeu (Alto da Boa Vista), Tel. 021/ 274 86 48.* 20 km

Itacuruçá   (L 9)

Das kleine Hafenstädtchen östlich von Rio ist Ausgangspunkt für schöne Tagesausflüge mit Kuttern zu den traumhaften Inseln der Bahia de Sepetiba. *Saveiro Tours, Tel. 780 17 85, Kosten rund 20 Dollar.* 100 km

Paquetá (L 9)

★ ᭺ Schippern Sie mit dem alten Fährboot, das Sie in knapp über einer Stunde auf die »Insel der Verliebten« bringt – zurück können Sie das schnellere Aerobarco (Tragflächenboot; 20 Min.) nehmen. Das Schiff gleitet am Marinearsenal und der Zollinsel vorbei, in der Bucht liegen die Ozeandampfer auf Reede. Paquetá ist Balsam für gestreßte Seelen. Kein Auto, kein Motorrad, kein Bus – nur Pferdekutschen und Fahrräder sind auf der verträumten Insel zugelassen. Wer will, kann hier wohnen und tagsüber ins lärmende Rio schippern. Eine Handvoll Pensionen bieten allerdings nur einfache Zimmer. Ansonsten gibt es alles Notwendige (Kneipen, Lokale, Geschäfte, Post, Kirche und Krankenhaus). Nur der Strand ist leider verdreckt. *Fähre Paquetá ab P. 15 de Novembro, Pier 1, tgl. etwa 2stündlich ab 5.30 bis 23 Uhr (letztes Boot), Preis 1 US-Dollar; Aerobarco (Transtur), ab P. 15 de Novembro, Extrapier, Mo–Fr etwa 2 stündlich zwischen 10 und 16 Uhr, Sa/So stündlich zwischen 8 und 17 Uhr, Preis 5 US-Dollar*

Parati (L 9)

★ Ein koloniales Kleinod an der Küste. Früher war die kleine Hafenstadt das Ziel der Maultierkarawanen mit dem Gold aus Minas Gerais: Vom Handel fiel für Parati so viel ab, daß sich noch heute prächtige Paläste und Kirchen im Wasser der Atlantikbucht spiegeln. Statt der Maultiere bringen jetzt die Touristen das Geld. Außerhalb der Saison (Januar–April) ist Parati ein stilles, idyllisches Städtchen mit viel Atmosphäre. Von hier aus kann man herrliche Bootsfahrten und Segeltörns in die pelagische Welt der »Grünen Küste« unternehmen. So richtig zum Ausspannen unter Palmen und im Schatten alter Gemäuer. 240 km

Petrópolis (L 9)

In die kühlen Höhen zog sich einst im heißen Sommer der kaiserliche Hofstaat zurück. Geblieben sind das Schloß (im *Museu Imperial* kann man noch die Kaiserkrone bewundern), die schönen Parks und das gepflegte Ambiente einer Residenzstadt. ᭺ Der Ausflug lohnt sich wegen der schönen Ausblicke auf der kurvenreichen Fahrt durch die *Serra dos Orgãos;* die Gipfel des »Orgelpfeifen-Gebirges« sind über 2000 m hoch. 65 km

São Paulo (K 9)

Moderne Jets schaufeln werktags alle 30 Minuten ihre Passagiere über die 400 Kilometer zwischen den beiden brasilianischen Metropolen. Ein Tagesausflug kostet rund 300 Dollar, darin eingeschlossen (bei schönem Wetter) ein phantastischer Rundflug über die beiden Städte und die reichgegliederte Küste. Wer etwas mehr Zeit hat, kann eine Strecke fliegen und die andere per Mietauto über die Küstenstraße zurücklegen (mit wenigstens zwei Tagen rechnen), um die paradiesischen Strände der »Costa verde« auf eigene Faust zu entdecken. Wer noch mehr Zeit hat und sparen will, nimmt den Bus: Keine 25 Mark für ein sechsstündiges Vergnügen.

Strände (L 9)

Die Perlenkette dieser Badeparadiese reicht von Leme (Copacabana) bis Leblon (Ipanema) und weiter bis Grumari – alles zusammengerechnet rund 30 km Strand innerhalb des weiteren Stadtgebietes. Zählt man Niterói auf der anderen Seite der Bucht hinzu, kommt man auf das Doppelte.

Die ★ ✿ ⚓ *Copacabana* ist der traditionellste und belebteste Strandabschnitt. Hier tummeln sich die armen Schlucker wie die unbekannten Reichen. Beim Gang durch diese menschliche Möwenkolonie sollte man jedoch alle Pretiosen zu Hause lassen. *Ipanema* ist die vornehmere Schwester von Copacabana – aber gelegentlich tragen diese beiden berühmten, stadtnahen Strände schon ein strenges Parfüm – die Wasserqualität läßt zu wünschen übrig, die Sicherheit auch. *São Conrado* gilt als exklusiv, hat aber die Favela Rocinha im Rücken. Die *Barra da Tijuca* ist der längste Strand von Rio. Je weiter man hinausfährt, desto klarer wird das Wasser, desto reiner der Sand. Der *Recreio dos Bandeirantes* ist ein netter Treffpunkt am Felsberg mitten im Wasser. Noch weiter hinaus liegt *Grumari* – dort beginnt unberührte Natur.

Badefreuden an der Copacabana

Megalopolis und Spurensuche

*Fachwerk, Rinderherden und Industrieimperien —
im tiefen Süden lebt man mit Kontrasten*

Die richtige Einstimmung auf São Paulo gewinnt man beim Anflug per Luftbrücke (*Ponte Aérea)* aus Rio de Janeiro. Wie eine Riesenpizza aus Beton und Asphalt dehnt sich die größte Metropole des Subkontinents nach allen Richtungen aus. In diesem Großstadtdschungel leben und arbeiten 20 Millionen Menschen — aber São Paulo ist ein gut organisiertes Chaos: Hier schreit keiner, niemand drängt sich Ihnen auf. Man geht leise, fast distinguiert miteinander um, trägt ordentliche Anzüge (gedeckte Farben), reiht sich ein und stellt sich an. Die Taxis haben ihre Taxameter, die Metro hält ihren Fahrplan ein — für brasilianische Verhältnisse geht es wie in Hamburg zu: steif, aber korrekt.

Arbeit und Brot — deshalb ziehen die Menschen in die Stadt. Selbst in den schlimmen Barakken, eine halbe Tagesreise vom Zentrum entfernt, hoffen sie ein besseres Leben zu finden als daheim im Hungerland. Im Umfeld von São Paulo werden rund 65 Prozent des industriellen Umsatzes von Brasilien erarbeitet und die Hälfte aller Energien verbraucht. Fabriken der Schwerindustrie und des Fahrzeugbaus, Stahlschmieden und Textilkombinate, Chemiekonzerne und Papiermühlen, Banken und Versicherungen — sie alle sind in und um São Paulo so zahlreich vertreten wie in allen übrigen brasilianischen Bundesstaaten zusammengenommen.

Fromme Mönche zogen als erste in das Hochtal des Paraíba und gründeten 1554 eine Missionsstation. Im Schlepp der Soutanen folgten wilde Abenteurer, die Bandeirantes (Fähnleinschwenker), weniger an der Missionierung der Indianer interessiert als an deren Versklavung. Erst als die Wälder gerodet und die ersten Kaffee-Ernten eingefahren waren, wuchs aus dem Provinznest ein Marktflecken. Zu den Händlern gesellten sich europäische Handwerker und libanesische Kaufleute. 1908 erhält São Paulo seine erste gepflasterte Straße, 1922 wird hier die erste Universität Brasiliens ge-

*São Paulo — hier boomen
Wirtschaft und Wolkenkratzer*

gründet, in den fünfziger Jahren überflügelt São Paulo Rio an Größe, in den Siebzigern auch Argentiniens Hauptstadt Buenos Aires. São Paulo, Superstar; aber das ist noch kein Grund zum Feiern. Im atemlosen Entwicklungstempo hat die baumlose, windige Stadt keine Zeit gefunden, Feste zu veranstalten oder am eigenen Image zu zweifeln.

Die Metropole ist ein Konglomerat von 38 Gemeinden und vielen Kulturen. Im Viertel Liberdade leben rund 200 000 Japaner nach alter Väter Sitte – die größte Gemeinde außerhalb des japanischen Kaiserreiches. Die Koreaner beherrschen den Gemüsehandel, die Deutschen haben Brauereien und Metzgereien gegründet und ihre Villen in Santo Amaro errichtet. Zwischen Vila Guilherme und Vila Mariana lebt Klein-Portugal, während in der Bixiga die Italiener hausen. Trotz seiner kosmopolitischen Vielfalt ist São Paulo im Grunde eine Provinzstadt geblieben, in der hart gearbeitet und wenig gefeiert wird. Auf ein gutes Essen beschränkt sich der Feierabend der Paulistas. Und wenn man dabei auch noch über das Geschäft reden kann – um so besser! (**K 9**)

SÃO PAULO

BESICHTIGUNGEN

Altes Stadtzentrum

✪ Die *Casa de Anchieta,* ein unscheinbares Kolonialhäuschen zwischen Hochhäusern am Pátio do Colégio, ist das älteste Stück Architektur von São Paulo und doch nur ein Nachbau auf historischen Resten. Die Casa

Schnellstraßen durchschneiden den modernen Großstadtdschungel

birgt ein kleines historisches Museum und ein Stadtmodell aus kolonialer Zeit *(Di–So 13–17 Uhr).* Gleich nebenan liegt die Praça da Sé mit der neogotischen Kathedrale und einer gigantischen Metrostation unter dem Pflaster. Von der Praça führt eine Fußgängerzone (Vorsicht: Taschendiebe!) durch die Schluchten des alten Bankenviertels, über die »Teebrücke« *(Viaduto do Chá),* die ein ehemaliges Flußtal kreuzt, am Stadttheater vorbei bis zur Praça República. Von dort ist es nur noch ein Katzensprung zum ★ ◗ *Edifício Itália,* einem der höchsten Gebäude der Stadt. Der Panoramablick von seiner Spitze ist selbst bei Smog eindrucksvoll. Die weite Aussicht kann angenehm mit kulinarischem Genuß kombiniert werden: Ein Restaurant und ein Café laden dazu im 41. Stockwerk ein. Die Preise entsprechen den Höhenmetern *(Verzehrzwang).*

Butantan

★ Das älteste Zentrum für Schlangen-Pharmakologie hütet 80 000 Nattern, Vipern und Ottern von 407 Arten und ist ein Molkereibetrieb besonderer Art: Die Schlangen müssen ihr Gift zum Wohle der Menschheit in Reagenzgläser drücken, von wo es per Spritze Pferden eingeimpft wird, deren Abwehrstoffe im Blut wiederum für das Schlangenserum verwendet werden. Aus sicherer Distanz darf man dabei zusehen. Ein kleines naturkundliches Museum nebenan erläutert die Arbeit des Instituts und zeigt eindrucksvolle Horrorbilder von den Bissen der steilen Zähne. *Di–So 9–17 Uhr, Av. Vital Brasil 1500, bei der Cidade Universitária, mit dem Bus zu erreichen, Tel. 011/813 72 22*

Neues Stadtzentrum

Die *Avenida Paulista* ist der »Broadway« von São Paulo. Wo heute Bankpaläste in den Himmel ragen, standen vor wenigen Jahrzehnten die herrschaftlichen Villen der Kaffeebarone inmitten von Bananenhainen. In den benachbarten Alamedas, den Alleen, die zu den exklusiven Villenvierteln Jardim Europa und Jardim América führen, finden sich die elegantesten Geschäfte und Boutiquen. Die *Avenida Brigadeiro Faria Lima* weiter westlich entwickelt sich mit ihren Einkaufszentren zu einem weiteren supermodernen Stadtzentrum. Über die Avenida Juscelino Kubitschek (Taxi!) gelangt man in die einzige grüne Lunge des Zentrums, den ✪ *Ibirapuera-Park* mit dem Planetari-

---

MARCO POLO TIPS FÜR SÃO PAULO UND DEN SÜDEN

1 Edifício Itália
Aus der Vogelperspektive den Betondschungel bewundern und dabei über den Schreck eine Caipirinha trinken (Seite 44)

2 Butantan
Den Giftschlangen beim Füttern zusehen oder dabeisein, wie sie »gemolken« werden (Seite 45)

3 MASP
Sich im größten Kunstmuseum Brasiliens umschauen und anschließend über die Avenida Paulista schlendern (Seite 46)

4 Bassi
Sich satt essen an Rindersteaks, die ohne Hormone von der Weide auf den Grill wandern (Seite 46)

5 Zugfahrt Curitiba-Paranaguá
Mit der Spielzeugeisenbahn durch die Küstenkordillere und über schaurigsteile Viadukte hinunter an den Atlantik schaukeln (Seite 50)

6 Iguaçu
Das Schauspiel der weltweit größten Wasserfälle genießen (Seite 50)

um und dem Museum für Fliegerei, sowie dem Pavillon der Biennale-Kunstmesse mit dem Museum für Gegenwartskunst (MAM).

Zoo – Botanischer Garten

Im Viertel Agua Funda liegt der riesige *Parque do Estado Fontes do Ipiringa*. Der Botanische Garten bietet die wohl weltweit größte Kollektion tropischer Pflanzen unter freiem Himmel *(tgl. 10–24 Uhr, Av. do Cursino 6338)*. Sehenswert auch der Zoo und die »Simba Safari«. Anders als im Zoo, wo die Menschen frei herumlaufen und die Tiere hinter Gittern sind, bewegen sich hier die Zweibeiner in Autos eingesperrt durch die künstliche Steppe, an Löwen und Zebras vorbei. *Di–So 10–17 Uhr, Av. Miguel Stéfano 4241*

MUSEEN

Memorial da América Latina

Oscar Niemeyer, der »Staatsbaumeister« Brasiliens, der Brasília entwarf, hat auch in São Paulo ein großes Betonwerk hinterlassen. Das gigantische Kongreßzentrum, 1989 eröffnet, steht seither eher leer im Raum. Lohnend ist die Ausstellung lateinamerikanischer Volkskunst. *Di–So 9–18 Uhr, Av. Mário de Andrade 664, Metro Station Barra Funda, Tel. 011/823 96 11*

Museu de Arte de São Paulo

★ Das größte Kunstmuseum Lateinamerikas, MASP, liegt an einem hübschen kleinen Park. Es beherbergt eine reiche Kollektion europäischer und brasilianischer Werke der Neuzeit. Theateraufführungen im Souterrain. Unter der einst avantgardistischen freischwebenden Kon-

struktion findet sonntags ein Flohmarkt statt. *Di–Fr 13–17, Sa–So 14–18 Uhr, Av. Paulista 1578, Tel. 011/251 56 44*

RESTAURANTS

São Paulo ist die größte gastronomische Metropole Lateinamerikas. Jede Einwanderungswelle brachte ihre eigene Küche mit. Die Schwerpunkte sind Churrasco, italienische Locandas und japanische Sushi-Restaurants. Das Wochenmagazin *Veja* (der brasilianische »Spiegel«) bringt eine Beilage mit Gourmet-Tips und Veranstaltungskalender.

Bardock

Eines der wenigen nicht überteuerten französischen Restaurants. *Mo–Sa 11.30–15, 17–0.30 Uhr, Rua Haddock Lobo, Tel. 011/ 30 64 63 47, Kategorie 2*

Bassi

★ Die größten, saftigsten Rindersteaks vom Grill. *Di–So 12 bis 15, 19–2 Uhr, Rua 13 de Maio 334, Tel. 011/604 23 75, Kategorie 1*

Gomba

Sushi und Sashimi. *Mo–Sa 11.30–14, 18.30–23.30 Uhr, Rua Tomás Gonzaga 22 (Liberdade) Tel. 011/279 84 99, Kategorie 2*

La Vecchia Cucina

Pasta al dente und Pizza fast wie in Italien. *Mo–Fr 11–14.30, 19 bis 1, Sa 19–1 Uhr. Rua Pedroso Alvarenga 1088, Tel. 011/28 25 22, Kategorie 1*

Massimo

Ein wahrer Tempel italienischer Kochkunst. *Tgl. 12–15, 19–24 Uhr, Al. Santos 1826, Kategorie 1*

Vento Haragano

Die derzeit wohl beste Churrascaria. Riesen-Vorspeisenbuffet, große Fleischauswahl, aufmerksame Bedienung. *Mo–Fr 11 bis 16, 18–24, Sa–So 11–24 Uhr. Av. Rebouças 1001, Tel. 011/ 853 60 39, Kategorie 1*

Windhuk

Deftige deutsche Küche mit Riesenportionen, traditionell und preiswert. *Mo–Fr 17.30–0.30, Sa 11–1.30, So 11–0.30 Uhr, Al. Arapanes 1400, Tel. 011/240 20 40, 240 64 63, Kategorie 2*

EINKAUFEN

Viele wohlhabende Brasilianer aus Rio, Brasília oder Belo Horizonte fliegen (wenn nicht nach Miami) nach São Paulo zum Shopping. Hier gibt es einfach »alles« in den großen ✪ Einkaufszentren, die sich mit ihren nordamerikanischen Vorbildern messen können. Man kann seine Garderobe mit bunten, leichten und modischen Textilien oder mit Lederjacken auffrischen und findet auch die berühmten Halbedelsteine Brasiliens oder ausgefallenen modernen Goldschmuck. Große Auswahl im *Shopping Center Eldorado (Av. Rebouças 3970),* oder *Shopping Center (Av. Brig. Faria Lima 1991).*

HOTELS

Fuji Palace

Wer auf japanische Art mit Futon und Tatami nächtigen möchte, kann das preiswert mitten im japanischen Viertel Liberdade. *75 Zi., Largo da Pólvora 120, Tel. 011/278 74 66, Fax 279 90 41, Kategorie 2*

Maksoud Plaza

Vornehmstes (und größtes) Hotel der Stadt – das Foyer ist 20 Stockwerke hoch. *416 Zi., Al. Campinas 150, Tel. 011/253 44 11, Fax 253 45 44, Kategorie 1*

The Park Lane

Ein Hotel im oberen Mittelfeld, dessen Suiten (mit eigener kleiner Küche) fast alle eine gute Aussicht über die Stadt bieten. *110 Zi., Rua Carlos Sampaio 157, Tel. 011/285 11 00, Fax 285 03 73, Kategorie 1*

SPIEL UND SPORT

Frühaufsteher und Jogger treffen sich im ☀ Ibirapuera-Park, das sportliche Leben spielt sich in teils hervorragenden Clubs (wie z.B. »Esporte Club Pinheiros«) ab, in die man nur auf Empfehlung kommt. Am Wochenende zieht São Paulo 100 km weiter und 800 m tiefer an den Strand. Bei Sport und Spiel mit Kind und Kegel verwandelt sich die Küste bei *Santos* in eine einzige menschliche Vogelkolonie.

Hipódromo

Der Jockey-Club veranstaltet an jedem Wochenende und auch während der Woche Pferderennen; eine gute Gelegenheit, den Geldadel Brasiliens und die edlen Exemplare brasilianischer Pferdezucht kennenzulernen. *Hipódromo de Cidade Jardim, Av. Lineu de Paula Machado 1263, Tel. 011/211 40 11*

Estádio do Morumbi

Das zweitgrößte Fußballstadion Brasiliens mit Platz für 150 000 Fans. *Av. Giovanni Gronchi, Tel. 011/814 33 77*

Die Paulistas gehen früh zu Bett, weil sie früh zur Arbeit aus den Federn müssen. Während der Carioca arbeitet, um zu leben, lebt der Paulista, um zu arbeiten. Doch die Essenspausen werden weidlich genutzt. Ein Bummel durch das alte italienische Viertel Bixiga ist wahrscheinlich der beste Ausklang nach einem hektischen Tag. Viele kleine Cafés und Pinten locken zudem mit MPB — *música popular brasileira*. Die Kino- und Theaterlandschaft ist die reichhaltigste von Südamerika. Nur hier kann man regelmäßig Symphonieorchester mit klassischer Musik hören.

Centro Cultural São Paulo

Modernes Kulturzentrum. *Rua Vergueiro 1000, Tel. 011/270 57 46*

Palace

Der größte Showpalast von São Paulo mit Programmen berühmter Künstler. *Av. Jamaris 213, Tel. 011/531 49 00*

SESC Fábrica de Pompeia

Avantgardetheater. *Rua Ciélia 93, Tel. 011/864 85 89*

Teatro Municipal

Erstes Haus am Platze im Pariser Stil der Gründerjahre. *P. Ramos de Azevedo, Tel. 011/222 86 98*

Gol-Tour

Av. São Luís 187, Tel. 011/256 23 88

RTT

Largo do Paissandu 72—13 A, Tel. 011/227 66 99

Guarujá (K 9)

Eine kurvenreiche Autobahn, die durch die von Regenwald bedeckte Serra do Mar auf kürzester Entfernung einen Höhenunterschied von fast 1000 Metern überwinden muß, führt an die Küste. Wenn es in São Paulo regnet, kann hier oftmals das schönste Sonnenwetter lachen. In Guarujá und allen anderen Badestädten, die sich immer weiter nach Osten in Richtung Rio de Janeiro vorfressen, brandet das Meer auf feine Sandstrände und einen menschlichen Badetrubel, der zu fröhlichen Hautkontakten führt. 30 km

Santos (K 9)

Santos, auf einer Insel gelegen, ist mehr etwas für Nostalgiker oder Seeleute. Die Kaffeeromantik ist vorbei, zurück blieben einige alte Paläste. Die Hafenstadt hat den zweifelhaften Ruf, Aids-Hochburg Brasiliens zu sein. 25 km

CURITIBA

(I 10) Die Hauptstadt (2 Mio. Ew.) des Bundesstaates Paraná gleicht einer kleinen Schwester von São Paulo. Vorausschauende Kommunalpolitiker haben aus Curitiba die Musterstadt Brasiliens gemacht, die mit ihren Geschäften, Parks, Trolleys und Fußgängerpassagen frappierend an eine europäische Großstadt erinnert; das rauhe Klima (viel Regen) gehört dazu. Namen wie Müller, Hecker, Jankowsky oder Todeschini an den Ladentüren sagen genug über die Herkunft der Bewohner. Einwanderer aus

Weite landwirtschaftliche Gebiete finden sich in Paraná

Deutschland, Polen, Italien und der Ukraine fanden in 18. und 19. Jahrhundert in dieser damals abgelegenen Provinz ihre neue Heimat. Landwirtschaftliche Familienbetriebe (und nicht Plantagenwirtschaft mit Sklaven!) und mittelständische Unternehmen bilden noch heute das Unterfutter zum Wohlergehen des Staates Paraná und der Stadt Curitiba.

BESICHTIGUNG

Avenida Luíz Xavier
Die älteste Fußgängerpassage Lateinamerikas verbindet die Praça General Osório mit dem Passeio Público; sie ist der Treffpunkt von jung und alt. Die zahlreichen Cafés und Pinten laden zum Ratschen und Diskutieren ein. Nicht weit ab liegt der Largo da Ordem, ein Straßenzug mit Kopfsteinpflaster, altmodischen Gaslaternen und einer Reihe gemütlicher Lokale.

MUSEEN

Museu Paranaense
Heimatmuseum in einem schönen Art-nouveau-Gebäude am »Blumenmarkt«. *Di–Sa 10–18, So 13–18 Uhr, P. Generoso Marques, Tel. 041/234 36 11*

Museum der polnischen Einwanderer
Originell untergebracht in mehreren original polnischen Holzhäusern. Der Papst war schon da, daher die Adresse: *Bosque João Paulo II, tgl. 8.30–18 Uhr*

RESTAURANTS

Wurst, Kraut und Kartoffeln, die nahrhafte Grundlage der deutschen und polnischen Küche, sind auch hier beliebt. Und machen Sie einen Versuch mit der Spezialität »Rodizio« im Bairro Santa Felicide *(Taxi),* einem ganzen Stadtviertel mit riesigen Verköstigungstempeln.

Cascatinha

Gute italienische und brasilianische Küche, besonders hübsch im Park gelegen. *Mo—Sa 12 bis 14.30, 18.30—23.30, So 12—14.30 Uhr, Av. Manoel Ribas 4455 (Santa Felicidade), Tel. 041/335 12 14, Kategorie 2*

Schwarzwald

Die urige »Hütte« liegt versteckt mitten im historischen Zentrum und wartet mit Jumbo-Bratwürsten auf, dazu leckeres dunkles Bier vom Faß. *Tgl. 17—24 Uhr, Largo da ordem 63, Tel. 041/223 25 85, Kategorie 2*

Warsóvia

Das wohl einzige authentische polnische Restaurant südlich von Chicago. *Di—Sa 11.30—14 und 19—23 Uhr, So 11.30—14 Uhr, Av. Batel 2059, Kategorie 2*

EINKAUFEN

Feira de Artesanato Popular

Antiquitäten und Kunstgewerbe. *P. Rui Barbosa, tagsüber am Mi und Sa, So auf der P. Garibaldi*

Ukrainische Volkskunst

Mo—Fr 9—19 Uhr, Sa 9—14 Uhr, Rua Brigadeiro Franco 898

HOTELS

Bourbon Tower

Modernes, zentral gelegenes Großstadthotel. *176 Zi., Rua Candido opes 1023, Tel. 041/322 40 01, Fax 32 22 82, Kategorie 1*

Tourist Univers

Im Zentrum am Ende der Fußgängerzone. *48 Zi., P. Gen. Osorio 63, Tel. 041/22 35 81, Fax 223 54 20, Kategorie 2*

AM ABEND

Flaniermeile ist die *Rua 24 Horas (zwei Blocks hinter der P. Gen. Osorio)* mit rund um die Uhr geöffneten Kneipen, Restaurants, Lebensmittel- und Buchläden. In vielen Lokalen um die Fußgängerzone wird live aufgespielt. Mit seiner Bühne für Kleinkunst, Chansons, Jazz und Tangos ist das *Habeas Corpus (tgl. ab 20 Uhr, Rua Dr. Muricy 847)* ein netter Treffpunkt.

ZIELE IN DER UMGEBUNG

Zugfahrt nach Paranaguá   (K 10)

★ Mit der Bimmelbahn wie in guten alten Zeiten geht es erst durch polnische Dörfer und dann ↙ in Spitzkehren und über schwindelerregende Viadukte durch die Küstenkordillere hinab an den Atlantik und ins Hafenstädtchen Paranaguá (110.000 Ew.). Die rund dreistündige Fahrt bietet die entzückendsten Ausblicke und ist einen Nervenkitzel wert. Man kann auch auf halber Strecke im hübschen Kolonialnest *Morretes* aussteigen. *Abfahrt gegen 8 Uhr, Rückkehr per Bus am gleichen Tag möglich. Hin und zurück etwa 10 US-Dollar. Reservierung: Tel. 234 84 41. In der Saison kaufen Reisebüros die Tickets in Massen auf und verhökern sie zu weit überzogenen Preisen als Tagesausflug.*

Wasserfälle von Iguaçu   (H 10)

★ ↙ Im feinen Wasserstaub bricht sich das Sonnenlicht in immer neuen Regenbögen. Wie Smaragde glänzen die nassen Basaltblöcke im mattgrünen Moos. Falter gaukeln farbtrunken durch die Luft. Baumfarne spannen ihre grünen Schirme auf.

Die Wasserfälle von Iguaçu sind ein gigantisches Naturspektakel

Lianen schmiegen sich wie Perlenketten an die Stämme der Trompetenbäume bis hoch zu den Nestern der violetten, gelben, roten Orchideen, zu denen die zierlichen Kolibris fliegen. »Blumenküsser«, *Beija-flor,* nennen die Brasilianer diese akrobatischen Flieger. Sie scheinen in der Luft zu stehen und sind doch einen Lidschlag später schon fortgeschwirrt zu den Blüten der Prunkwinden und Bougainvilleen, der Pfirsichpalmen und Paradiesvogelblumen. Der Tau benetzt Blätter und Blüten mit glänzendem Wasserlack, unaufhörlich tropft und klopft es vom Palmendach, durch das die Sonnenstrahlen wie goldene Nadeln stechen.

Die Zikaden singen ihr klagendes Lied, und mit lautem Gekreisch flüchtet vor dem Wanderer eine Rotte närrischer Papageien. Dann herrscht wieder atemlose Stille in den »weinenden Wäldern« am Iguaçu, und

das ferne Donnergrollen der großen Wasserfälle klingt um so bedrohlicher. Dem dumpfen Trommeln auf dunklen Pfaden folgend, decken immer dichtere Wasserschleier Moose, Farne und Felsen. Plötzlich hebt sich der Pflanzenvorhang, und mit einem Paukenschlag sprengt eine schneeweiße Lawine geradewegs aus dem Himmel herab und poltert gurgelnd senkrecht in eine Tiefe, deren Grund nicht auszumachen ist, denn dichte Wolken wabern von unten.

Das also sind die Katarakte des »großen Wassers«, wie die Guarani-Indianer sie tauften. Das große Wasser schäumt vor Wut. Seine Brachialgewalt scheint die Luft zu zerfetzen und die Erde zu erschüttern. Mit brüllendem Gesang stürmen 1750 m² Wasser pro Sekunde über 60 m hohe und mehrere km lange Klippen. Im Lauf der Jahrmillionen hat sich der Strom immer weiter in die Basaltblöcke eines längst erloschenen Vulkanes hineingefressen und dabei hufeisenförmige Mulden geschliffen. Aber die Indianer erklären die Entstehung dieses Weltwunders mit der Fabel von der göttlichen Wasserschlange M'Boi, der in jedem Mondjahr eine Jungfrau geopfert wurde, um sie zu besänftigen. Als aber Naipi, die holdselige Tochter des Häuptlings Igopi, dem Flußgott geopfert werden sollte, verliebte sich der junge Krieger Tarobá in das schöne Mädchen, und beide flohen mit dem Kanu noch in der Nacht über den Fluß. Das erboste die Wasserschlange M'Boi so sehr, daß sie wild um sich schlug, sich aufbäumte und den Strom aufpeitschte, so daß bis auf den heutigen Tag das Wasser nicht mehr zur Ruhe gekommen ist. Naipi aber wurde zur Strafe von der Schlange in eine Palme am Ufer verhext und Tarobá in einen Fels im Wasser. Sosehr sich die Palme vor Sehnsucht zu dem Fels im Wasser neigt — zusammen werden sie nie mehr kommen.

Die Besucher, die heute zu den Wasserfällen im Dreiländereck von Argentinien, Brasilien und Paraguay reisen, sind mindestens so wie die Guarani-Indianer von der ungezügelten Wildheit dieses Naturspektakels beeindruckt. Der fromme spanische Entdecker Don Alvear de Vaca taufte 1541 die Katarakte nach der Heiligen Jungfrau Maria, aber die indianischen Wassergeister schwemmten diesen Namen davon; so wie sie die Fußstege und Wanderwege gelegentlich in die Tiefe gerissen haben. Über halsbrecherische Planken und verschlungene Pfade ist das bizarre Schauspiel der Natur von vielen Seiten zu bestaunen, und auch als Filmkulisse haben die Fälle bereits gedient — in »Mission« mit Robert de Niro.

Ob man nun auf argentinischer Seite den großen oder den kleinen Rundgang wählt oder auf brasilianischer Seite in gehörigem Abstand das ganze Panorama genießt, mag jeder entscheiden, wie er will. Eleanor Roosevelt, die Gattin des Präsidenten, sagte angesichts des Wasserfalls von Iguaçu nur: »Poor Niagara!«

Eines sollte man auf keinen Fall versäumen: dem Teufel in den Rachen zu spucken. Vom Besucherzentrum des argentinischen Nationalparks fährt ein Minibus ein wenig flußaufwärts zum Haltepunkt Puerto Canoa. Dort führt ein tausend Meter langer Steg *(zur Zeit wegen Bauarbeiten geschlossen)* quer über die reißende Strömung bis an den Rand zum Eingang der Hölle. *Garganta del Diablo*, »Teufelsschlund« heißt dieser kochende Kessel; gigantische Wassermassen stürzen sich selbstmörderisch in die Tiefe und reißen unterwegs alles, was sie packen, mit ins Verderben. Nur die ameisenkleinen Touristen auf der Aussichtsplattform (noch) nicht.

In den Südsommer-Monaten November—März führen die Katarakte das meiste Wasser, und ihr kühler Hauch wirkt besonders erfrischend in der Hitze, die leicht bis auf 40 Grad klettern kann. Leichtes Regenzeug ist für den, der im Labyrinth der Wasserfälle herumstreifen möchte, um die Wollaffen, Agutis, Tukane und Papageien zu beobachten, nützlich, ansonsten reicht das übliche Räuberzivil von Polohemd und Jeans. Man sollte sich ruhig zwei, drei Tage für den Besuch der Fälle und der beiden Nationalparks lassen.

Im Hotel Cataratas (200 Zi., Rodovia das Cataratas, km 28, Tel. 041/523 22 66, Fax 574 16 88, Kategorie 1) wohnt sich's am schönsten, mit allem Komfort und kolonialer Atmosphäre. Die Promenade am Ufer des Rio Iguaçu entlang mit dem Blick auf die Fälle liegt vor der Tür. Wem das nicht reicht, der kann für rund 25 Dollar wie James Bond die rasanten Hubschrauberflug die Wasserfälle aus der Vogelperspektive genießen.

Das künstliche Gegenstück zu den Wasserfällen ist der Staudamm von Itaipú mit dem größten Wasserkraftwerk der Welt, seit Mitte der achtziger Jahre in Betrieb. Es befindet sich nur 30 km weiter nördlich und kann von Touristengruppen besichtigt werden. Brasilianer und Argentinier verbinden den Aufenthalt in Iguaçu meistens noch mit einer Butterfahrt nach Paraguay. In Ciudad del Este (früher: Puerto Stroessner) blüht der Höker mit zollfreier Ware, und in den Spielkasinos rollt der Rubel.

Der brasilianische Flughafen Foz do Iguaçu liegt verkehrsgünstiger, überhaupt ist die touristische Infrastruktur wesentlich besser als auf der argentinischen Seite. Von São Paulo fliegt die LAPSA fast tgl. ins nur 33 km entfernte Ciudad del Este/Paraguay – zum halben Preis wie ein Inlandflug.

Blumenau – Fachwerk wie in einer deutschen Kleinstadt

BLUMENAU

(I 10) Treudeutsch und teutonisch – so gibt sich Blumenau (200 000 Ew.). Für die Brasilianer ein Stück Exotik im eigenen Land, für deutsche Besucher eine vergilbte Kopie ihrer Heimat unter tropischem Himmel. Die Gründungsväter dieser Stadt kamen aus Pommern, unter der Führung des Braunschweiger Apothekers Dr. Hermann Blumenau. »Für die Ahnen der Tod, die Eltern die Not, den Kindern das Brot« – die preußischen Pioniere mußten sich mehrere Generationen durchbeißen. Aber fast jeder von ihnen hatte sein Handwerk mitgebracht, und mit Hartnäckigkeit plus Ausdauer setzten sie sich am Ufer des Itajaí fest. Heute ist Blumenau wahrscheinlich eine der wohlhabendsten Gemeinden Brasiliens. Im Schatten der größten Textilkonzerne Lateinamerikas gedeihen unzählige Zulieferbetriebe und neue Branchen wie Elektronik, Sojamühlen und Hühnerfarmen. Zur Stadt gehören 65 000 Autos, 1000 Industriebetriebe, 73 Schulen, eine eigene Fachhochschule und 33 Schützenvereine. Deutsch wird nur noch im Familienkreis gesprochen. Aber die Stadtväter nutzen geschickt die Seppelhosen-Tradition für touristische Zwecke.

RESTAURANTS

Frohsinn

Ein schöner, viertelstündiger Spaziergang hoch zum Morro do Aipim führt in das Ausflugslokal im Schwarzwaldlook, von dessen ☙ Terrasse man bei Bockwurst und Bier einen schönen Blick auf die Stadt und die Itajaí-Schleife genießt. Wenn dann noch Blasmusik hinzukommt, möchte man sogleich anstimmen: »Oh, Du mein stilles Tal...«. *Tgl. 11.30–14.30, 18–24 Uhr, Tel. 0473/22 21 37, Kategorie 2*

Caféhaus Glória

Wer der Kasseler, Koteletts und Kartoffeln müde ist, mag sich mit Buttercrèmetorten im Stil der 50er Jahre trösten und in aller Ruhe einen »Café colonial« (Kaffee, Tee und eine Auswahl von Toast und Gebäck) einnehmen. *Tgl. 15–20 Uhr, Rua 7 de Setembro 934, Tel. 0473/22 69 42, Kategorie 2*

EINKAUFEN

Hausgemachte Schokoladen und Konfitüren, Textilien, Porzellan, Kristall und Bierkrüge locken die Brasilianer zum Einkauf. Für europäische Touristen sind solche Mitbringsel aus Brasilien wohl eher befremdlich. Aber wer weiß, vielleicht findet sich hier ein Design, das daheim

seit Jahrzehnten nicht mehr hergestellt wird?

HOTELS

Plaza Hering, Viena Park, Garden Terrace und *Himmelblau Palace* bieten hohen Komfort; aber auch die preiswerten, kleineren, einfachen Hotels sind sauber und empfehlenswert.

PORTO ALEGRE

(I 11) Porto Alegre (1,3 Mio. Ew.), der fröhliche Hafen? Die Stadt muß einmal sehr schön gewesen sein – bis die Autos kamen. Ihnen zuliebe fiel ein Stück gutbürgerlichen Wohlstands unter die Hacke. Geblieben sind ein paar Paläste aus der Gründerzeit, ein schmuckes kleines, renoviertes Theater, schattige Plätze unter Palmen und ein großer Park, der *Parque Farroupilha.*

Porto Alegre besitzt gute Buchläden und Boutiquen. Es ist das Herz und Hirn des südlichsten Bundesstaates Rio Grande do Sul und Heimat der Gauchos, die die riesigen Rinderherden der Pampas hüten. Man trinkt hier nicht Kaffee, sondern Matetee. Aus der Sicht der Cariocas sind die Gauchos schon halbe Argentinier, und ihr Portugiesisch mit dem rollenden »R« kommt ihnen reichlich spanisch vor.

BESICHTIGUNGEN

Altstadt

Die alte Stadt steigt malerisch vom Hafen und Rio Guaíba den Berg hinauf. Um die Kathedrale, das Landesparlament und das Theater San Pedro spürt man noch die Atmosphäre jener Zeit, als Porto Alegre nach Buenos Aires und Rio der wichtigste Hafen an der Atlantikküste war.

Rio Guaíba

Einstündige Bootsfahrt ab Doca Turística mit sehr ✹ schönem Blick auf die Stadt vom Wasser der Flußmündung und Lagune aus. *Abfahrten 10, 15, 16, 17 Uhr, Sa/So nur 15, 17 Uhr*

MUSEUM

Museu de Arte do Rio Grande do Sul

Das Museum zeigt einen Querschnitt des künstlerischen Schaffens der Südprovinz und befindet sich im Gebäude der ehemaligen Finanzbehörde. Davor ein hübscher Palmenpark und auf der Rückseite das Zolltor zum Hafen. *Di–So 10–17 Uhr, P. da Alfândega 1010*

RESTAURANTS

Baumbach

Bei deutscher Küche trifft sich die Szene. *Di–So, Av. Viena 254, Tel. 051/222 09 40, Kategorie 2*

Recanto do Tio Flor

Wer das typisch-regionale Flair vorzieht, kann sein Abendessen mit einer Gaucho-Folklore-Show verbinden. Mittagsbuffet. *Av. Getúlio Vargas 1700, Tel. 051/ 33 65 12, Kategorie 2*

EINKAUFEN

Für Ledersachen sind Sie in Porto Alegre, einem Zentrum der Textil- und Lederindustrie, goldrichtig. Besonders witzig: die kniehohen Stulpenstiefel aus weichem Leder, die weiten Pumphosen (»Bombachas«) und schicken Wämser; dazu natürlich breite Gürtel, verwegener Hut und die silbernen Dolche zum Fleischtranchieren. Für die Damen bunte Zigeunerröcke und Ledertaschen en gros. Zahlreiche Läden um den Mercado Público. *Praça 15 de Novembro und in der Av. Júlio de Castilhos 144*

HOTEL

Center Park

In ruhiger Wohngegend und komfortabel. *48 Zi., Rua Cel. Frederico Link 25, Tel. 051/221 53 88, Fax 221 53 20, Kategorie 1*

SPIEL UND SPORT

Segeln auf der »Enten«-Lagune, die sich über 200 km bis fast an die Grenze von Uruguay erstreckt, ist das richtige Hobby in dieser Stadt. Über Reisebüros zu buchen oder persönlich beim Yachtclub Marinha vorsprechen. *Av. Borges de Medeiros, Tel. 051/ 33 31 34*

AM ABEND

Warum nicht einmal ins Kammerkonzert im Theater San Pedro? Oder in eine Folkloreshow? Natürlich gibt es in Porto Alegre auch Diskos und schummrige Bars.

AUSKUNFT

Gaúcho Tur

Av. Farrapos 445, Tel. 051/ 226 50 74

Laçador

Rua Garibaldi 165, Tel. 051/ 226 47 57

Schwarzes Gold und Beton

Durch Bergland, Sümpfe und barocke Kolonialstädte in die Hauptstadt aus der Retorte

Der Bundesstaat Minas Gerais ist ein stürmisches Landmeer. Die weite Dünung des Planalto türmt sich in immer kürzeren Wellen zu steilen Gebirgsketten in Küstennähe auf. Das Gebirge versperrte lange den Zugang zum Hinterland. Sklavenjäger und Goldsucher überwanden schließlich die Barriere. Als die ersten Goldbrocken im Flußsand jenseits der Berge gefunden wurden, gab es kein Halten mehr. Wie Pilze schossen Goldgräberstädtchen in den engen Bergtälern aus dem Boden. Die portugiesische Krone schnappte sich den Löwenanteil, und wer für fromme Gaben Gold ausgab, war von der Steuer befreit. So entstanden prächtige Barockkirchen neben den Abraumhalden, die noch heute wie Diamanten im dunklen Bergland glitzern.

BELO HORIZONTE

(L 8) Der günstigste Ausgangsort, um das »goldene Herz« Brasi

São Francisco, eine der reichen Barockkirchen von Ouro Preto

liens zu besichtigen, ist die Millionen- und Minenstadt Belo Horizonte (2 Mio. Ew.), die, lange nach dem Gold-Rush gegründet und planmäßig wie ein Schachbrett angelegt, 1897 zur neuen Hauptstadt des Staates gekürt wurde. Sie liegt am Rand eines weiten Talkessels inmitten der Erzminen. Das Eisenerz wird im offenen Tagebau geschürft und unter freiem Himmel in vorsintflutlichen Hochöfen mit Holzkohle verhüttet. Ein rußiger Nebel hängt permanent über der Stadt und reizt die Bronchien. Im brasilianischen Ruhrgebiet befindet sich neben viel Stahl- und Maschinenindustrie auch Brasiliens größte Autofabrik.

Kein Mensch käme auf die Idee, hier Urlaub zu machen. Die Stadt ist nicht häßlich, aber auch nicht aufregend. Sie wurde ohne Rücksicht auf die ungünstige Topographie in diagonalen Zügen errichtet, so daß sich ein verwirrendes, spitzwinkliges Straßennetz ergab. Im *Parque Municipal* mit seinen schattigen Bambushainen und schönen alten Bäumen kann man der Großstadthektik entkommen.

Gouverneurspalast in Belo Horizonte

Palácio das Artes
Schöne Volkskunst: Lehmfiguren, Holztiere, Flickerlteppiche und Blechspielzeug. *Parque Municipal*

Fazenda Ipê Amarelo
Für Familien und Pferdefans geeignet. *63 Zi., 40 km außerhalb an der BR 040 Richtung Brasília, Tel. 031/661 91 00, Fax 661 91 03, Reservierungen 227 62 77, Kategorie 2*

MUSEUM

Museu de Mineralogia
Im ehemaligen Rathaus findet man einen guten Überblick über den plutonischen Reichtum der Bergbauprovinz. Für Mineralogen ein lohnendes Ziel. *Di bis So 8–17 Uhr, Rua Bahia 1149*

Othon Palace
Erstes Haus am Platz, gegenüber dem Stadtpark. *235 Zi., Av. Afonso Pena, Tel. 031/273 38 44, Fax 212 23 18, Kategorie 1*

OURO PRETO

(**L 8**) ★ Die koloniale Bergbaustadt (30 000 Ew.) wurde als »Kulturerbe der Menschheit« unter Denkmalschutz der UN gestellt. Sie ist es wert! Wer zählt die barocken Kirchen und schönen Paläste? Die kleine, hoch gelegene Stadt mit einer Bergbauakademie ist voller Geschichten.

RESTAURANT

Dona Lucinha
Das Minas-Essen ist deftig und einfach. Hier sollten Sie es probieren – Samstag natürlich die Feijoada. *Mo–Sa 12–15, 20–1, So 12–17 Uhr, Rua Padre Odorico 38, Tel. 031/2270562, Kategorie 2*

MARCO POLO TIPS FÜR DEN WESTEN

1 Pantanal
Wildlife – wie es kein Zoo dieser Welt bieten kann; Spaziergang unter Krokodilen und Wasserschweinen (Seite 63)

2 Brasília
Hier ist ein Monument der Zukunft aus der Vergangenheit zu besichtigen (Seite 61)

3 Ouro Preto
Das goldene Herz Brasiliens in seinem eisernen Panzer kennenlernen – und im rauhen Bergklima von Minas Gerais Frischluft schöpfen (Seite 58)

Die Zeit scheint in ihren steilen, rumpeligen Gassen stehengeblieben zu sein. Ouro Preto war die Wiege brasilianischer Unabhängigkeit. Aus Wut über die gierigen portugiesischen Kolonialbeamten hatten sich hier zur Zeit der amerikanischen Unabhängigkeitsbewegung Bürger der Stadt unter Führung des Zahnziehers (»Tiradentes«) gegen die Krone verschworen und einen Aufstand vorbereitet, der durch Verrat zerschlagen wurde.

BESICHTIGUNG

Die schönsten Kirchen und Skulpturen stammen von Aleijadinho, dem »Krüppelchen«: Antônio Francisco Lisbôa (1738 bis 1814) war der Sohn einer schwarzen Sklavin und ein genialer Autodidakt. Selbst als der Knochenfraß seine Gliedmaßen bereits zu unbeweglichen Stümpfen zerstört hatte, arbeitete Aleijadinho wie besessen weiter. Dieser brasilianische Bildhauer und Architekt gehört ohne Zweifel zu den größten Künstlern des Abendlandes. Ouro Preto ist ein Gesamtkunstwerk; es ist unmöglich, hier jede der zwei Dutzend sehenswerten Barockkirchen aufzuführen. Da wäre zum Beispiel *Santa Efigênia dos Pretos* im östlichen Stadtteil Alto da Cruz, erbaut und ausgestattet von Francisco Javier do Briton, dem Lehrer Aleijadinhos. Vom Vorplatz hat man einen herrlichen ✻ Panoramablick über die Stadt. Ebenfalls im Osten liegt *Nossa Senhora do Rosário dos Brancos. São Francisco,* am Largo, 1794 von Aleijadinho entworfen und reich mit Skulpturen geschmückt, und *Nossa Senhora do Pilar,* für deren Ausstattung mehrere 100 kg Gold verarbeitet wurden. Am besten folgt man seinen eigenen Instinkten oder setzt sich mitten auf den Marktplatz und atmet das besondere Flair des Städtchens ein.

MUSEEN

Museu da Inconfidência
Die Kolonial- und die Freiheitskampfzeit sind gut dokumentiert. *Di–So 12–17 Uhr, P. Tiradentes, Tel. 031/551 11 21*

Museu da Mineralogia
Glitzernde Edelsteine und Kristalle in der wohl größten Mineraliensammlung Brasiliens. *Tgl. 13–17 Uhr, P. Tiradentes/Rua Padre Rolim, Tel. 031/551 16 66*

RESTAURANT

Wegen der vielen Studenten gibt es zahlreiche urige Pinten.

Casa do Ouvidor
Deftige regionale Spezialitäten, z. B. eine Art Grünkohl und schwarze Bohnen *(Tutu a mineira). Tgl. 11–15, 19–22 Uhr, Rua Conde de Bobadela 42, Kategorie 2*

EINKAUFEN

Mit Edelsteinen und Specksteinplastiken aus dem nahen Steinbruch Santa Rita rennen die Händler den Touristen nach. Nur wer wirklich etwas davon versteht, sollte den Kauf wagen.

HOTEL

Estrada Real
✻ Etwas außerhalb, aber mit herrlicher Aussicht auf die Ber-

ge. 75 Zi., *Rodovia dos Inconfidentes,
Tel. 031/551 21 22, Kategorie 2*

AUSKUNFT

Informações Turísticas
P. Tiradentes 41

ZIELE IN DER UMGEBUNG

Um alles Sehenswerte in der
Kulturlandschaft von Minas Ge-
rais abzuklappern, bräuchte man
Wochen.

Congonhas (L 8)
Schönes barockes Kolonialstädtchen, wegen seiner Pilgerfahrt
im September berühmt. 60 km

Diamantina (L 8)
Die nördlichste und unberührte-
ste der kolonialen Bergwerks-
städte. In der Umgebung werden
noch heute Diamanten ge-
schürft. Viele Wandermöglich-
keiten auf der Serra do Espinha-
ço. 300 km

Mariana (L 8)
Eine verträumte Miniausgabe
von Ouro Preto. Am Wochenende mit einer touristischen Klein-
bahn zu erreichen. 17 km

Mina da Passagem (L 8)
Einen Besuch der alten Goldmine sollte man keinesfalls versäumen. Mit einer antiken Draisine
fährt man wie in einen Höllen-
schlund ein. Der ganze Berg ist
auf 17 km Länge und 1000 m
Tiefe wie ein Schweizer Käse
durchlöchert. Dabei kann man
einen Eindruck von der Schinde-
rei unter Tage gewinnen. Die Mine gehörte zuletzt einem briti-
schen Unternehmen und wurde
1937 aufgelassen. Die Führung

erklärt nach der Bergfahrt den
Prozeß der Goldgewinnung.
*8 km auf der alten Straße nach
Mariana, tgl. 9—18 Uhr, Tel. 031/
557 13 40 und 557 12 55*

Sabará (L 8)
Schon 1674 gegründet, mit
einem hübschen kleinen Gold-
museum. 100 km

São João del Rey (L 9)
Alte Goldgräberstadt, landschaft-
lich schön im Gebirge gelegen,
mit bemerkenswerten Barockkirchen. 190 km

BRASÍLIA

(**K 7**) Lautlos öffnen sich die Glas-
türen des Flughafenterminals. In
der Mittagshitze draußen warten ein paar Taxis. Die Fahrer
sind hinter dem Steuer einge-
nickt. Es ist totenstill. Am Hori-
zont zeichnen sich Bauklötze
und Steinkrümel wie verlorenes
Spielzeug von Riesen ab. Krüp-
pelbäume und Reklameschilder
wischen vorbei, Tafeln mit Ge-
heimcodes weisen den Weg
durch die Steppe. Wie eine Fata
Morgana scheint die Stadt weg-
zurücken, je näher man kommt.

In tausend Tagen stampften
von 1957 bis 1960 Heere von
Bauarbeitern Brasília (1,8 Mio.
Ew.) aus der roten Erde des Planalto. Die Verlegung der Hauptstadt von der dichtbesiedelten
Küste in die menschenleere
Hochebene war ein Akt des Grö-
ßenwahns. Rom und Washing-
ton galten als Vorbilder. Mit Brasília wollte der damalige Präsident Kubitschek den Aufbruch
der Nation ins dritte Jahrtausend
antreten. Ziele waren die Koloni-
sierung des gewaltigen Binnen-

Das Nationaltheater von Brasília, im Hintergrund der Lago Paranoá

raums und der Vorstoß bis zu den letzten Grenzen am Amazonas: »Von der Mitte dieser Hochebene, aus dieser Einsamkeit, die bald das Gehirn der nationalen Entscheidungen sein wird, werfe ich meinen Blick in die Zukunft des Landes und sehe die Morgenröte leuchten.«

Alles, was zu einer Stadt gehört, fehlt in Brasília. Es gibt weder Plätze, Straßen, Ecken, Winkel, Promenaden noch Geschiebe und Gedränge, Lärm und Leben, Kneipen und Gassen. Brasília sollte radikal anders sein. Die Architekten der neuen Hauptstadt, Oscar Niemeyer und Lúcio Costa, wollten eine Utopie errichten, eine Metropole von Licht, Luft und Sonne, klar wie ein Kristall, logisch wie eine Gleichung, funktionell wie eine Maschine, sauber wie ein Klinikraum. Und in der Tat: Wie ein riesiges Raumschiff liegt Brasília unter dem tiefblauen Himmel des Planalto. Transportbänder, Wohnsilos, Grünzonen, Tangenten und Parallelen sind die

Elemente dieser Stadt. Ein Monument und Museum der vergangenen Zukunft. So wie diese Stadt sollten einmal alle gebaut werden, dachten die Planer in den fünfziger Jahren. Endlich eine bessere Welt! Die UN haben Brasília deshalb unter Denkmalschutz gestellt.

BESICHTIGUNG

★ Die meisten Besucher bleiben nur ein paar Stunden. Den besten Überblick gewinnt man vom ⌁ *Fernsehturm.* Die breite *Esplanada dos Ministérios* und das *Kongreßgebäude* bilden die monumentale (und leere) Mitte dieser Stadt. Wegen der riesigen Dimensionen wäre es mörderisch, zu Fuß in Brasília herumzulaufen. Der Stadtplan mag auf dem Reißbrett logisch ausgesehen haben, für den Besucher ist er eher verwirrend. Die Stadtteile heißen Setor (Sektor) und sind in Quadrate, die wieder in Blöcke aufgeteilt; anstelle von Straßennamen gibt es meist Nummern.

61

Am besten schließt man sich einer Stadtrundfahrt an. Beispielsweise organisiert vom deutschsprechenden Reisebüro *André Safari Turismo, SHIS QI 07, Bloco B, sala 201, Tel. 248 39 53*

RESTAURANTS

Die höchste Konzentration recht guter Restaurants – mit italienischer, deutscher, französischer und regionaler Küche – findet sich am Beginn des Südflügels im Setor Comercial Sul 404.

Recanto Goiano
Deftige Gerichte wie Ossobuco, Rindfleisch, Bohnen und Reis. *Mo-Sa 11-23, So 11-15 Uhr, CLS 404 Block B, Tel. 061/22 65 80*

EINKAUFEN

Hippiemarkt
Gefärbte Blumen und Gräser, Flaschen mit gefärbten Sandminiaturen, Skulpturen aus Seifenstein, Schmuck und Lederwaren sind die Renner. Es geht gemütlich zu. *An jedem Wochenende unter dem Fernsehturm*

HOTELS

Preisgünstige Hotels gibt es kaum, nur – und nicht zu empfehlen – in den elenden Satellitenstädten.

Itamarati Parque Hotel
Relativ billig und gut. *160 Zi., Setor Hoteleiro Sul, Tel. 061/321 73 37, Fax 321 73 37, Kategorie 2*

Naoum Plaza
Den Rang als erstes Haus am Platz, in dem die Staatsgäste ab-

zusteigen pflegen, hat das Naoum Plaza (und nicht mehr das »Nacional«) erobert. *190 Zi., Setor Hoteleiro Sul, Tel. 061/226 64 94, Fax 225 70 07, Kategorie 1*

SPIEL UND SPORT

Typisch für Brasília: Es hat eine Autorennstrecke im Setor de esportes; da starten und landen auch die *ultra-leves,* Leichtflugzeuge, die eine Person von unter 80 kg auch schon mal zuladen können zum Panoramaflug über die Retortenstadt. Das Freizeitleben und der Sport spielen sich in den Clubs am Stausee ab. Dazu muß man aber Mitglied sein oder eingeladen werden. Wem das gelingt, dem stehen alle Möglichkeiten offen: Golf, Segeln, Tennis, Volleyball.

AM ABEND

Am Abend ist in Brasília der Hund begraben. Die Feste werden privat an den Pools im Villenviertel Lago Sul gefeiert. Nur das *Beirute* ist eine unerschütterliche Festung alternativer Nachteulen. *CLS 109, Tel. 061/ 243 03 97*

AUSKUNFT

André Safari Turismo
SHIS, QI 07 Bloco B, sala 201, Tel. 061/24 48 39 53

ZIELE IN DER UMGEBUNG

Itiquira   (K 7)
Von dem mit 158 m höchsten Wasserfall Brasiliens hat man auch schöne Ausblicke ins Paraná-Tal. Badegelegenheit. Am Eingang ein leidliches Lokal.

Ausfallstraße BR 020 nach Bahia, Abfahrt Formosa, dann neue Asphaltstraße. Nur mit Mietwagen oder organisierter Tour. 140 km

Pantanal (G–H 7–8)

★ Pantanal heißt Sumpf. Und dieser Sumpf ist so groß wie halb Deutschland; ein Schwamm, der die Wassermassen aus dem zentralen Hochland Brasiliens auffängt und gleichmäßig wieder nach Süden in den Rio Paraguay abgibt. Das Pantanal ist ein riesiges Süßwasser-Biotop mit überquellendem amphibischem Leben. Ein Paradies für Angler und Vogelkundler. Krokodile sonnen sich am Ufer, man sieht Herden von Wasserschweinen friedlich neben Störchen, Reihern und Marabus. Mancher Nistbaum scheint in voller Blüte zu stehen – dabei sind es nur die Federbälge seiner Gäste, die ihn wie einen Weihnachtsbaum schmücken.

Längst ist das Pantanal nicht mehr von Menschenhand unberührt. Große Viehfarmen, teilweise mit jettauglichen Flugpisten, haben sich hier angesiedelt. Friedlich grasen die Rinderherden neben den Krokodilen. Noch rechtzeitig vor seiner Zerstörung durch Goldsucher, Wilddiebe (Krokodilleder!) und Siedler wurde das Pantanal unter Naturschutz gestellt. Einfallstore in das Pantanal sind die Städte Cuiabá im Norden oder Corumbá im Süden. Beide Orte werden täglich von Brasília, São Paulo und Rio angeflogen. Der beste Zeitraum zum Besuch des Pantanal ist gegen Ende der Trockenzeit von Juni bis Oktober, wenn die Moskitoplage geringer ist.

Auf eigene Faust den Sumpf zu besuchen ist fast unmöglich.

Wenigstens drei bis vier Tage muß man einplanen und sich ortskundigen Tourismusunternehmen anvertrauen. Empfehlenswert (und deutschsprachig) in *Rio de Janeiro: KSK Turismo, rua 7 de Setembro 111, Tel. 021/ 224 44 55, Fax 252 85 04,* oder *in Brasília: André Safari Turismo, SHIS, QI 07, Tel. 061/248 39 53.*

Pirenópolis (I 7)

Gepflegtes Goldgräberstädtchen (7000 Ew.) im Landesinneren, 1727 gegründet: Katzenkopfpflaster, koloniale Schlichtbauten, ein Badeflüßchen – es tut den Augen nach Brasília besonders gut, wieder einmal alte, krumme Gassen zu sehen. Pfingsten werden Reiterspiele in historischen Trachten aus der Zeit der Kreuzzüge aufgeführt: »Christen« kämpfen gegen die »Mauren« zu Pferde. Im Hotel *Quinta Santa Bárbara* kann man nett wohnen. *20 Zi., Rua do Bonfim 1, Tel. 063/331 13 04,* oder *Reservierung in Brasília: 061/ 248 32 36, Kategorie 2.* 130 km

Vale do Amanhecer (K 7)

Das Zentrum einer spiritistisch-synkretistischen Glaubensgemeinschaft im »Tal der Morgenröte«, von einer LKW-Fahrerin aus Brasília gegründet. Der Besuch empfiehlt sich nur am Wochenende. Damen sollten keine Hosen und Herren keine Shorts tragen. Man glaubt, in einen Hollywood-Film über die Römer zu platzen. Die Adepten kleiden sich in phantastische Gewänder. Sie gestatten Besuchern die Teilnahme an ihren Riten; dabei sollte man die entsprechende Rücksichtnahme üben. *Nur mit Mietwagen.* 140 km

Expeditionen in die »grüne Hölle«

*Bedrohte Natur und tropische Abenteuer
in den Regenwäldern am Amazonas*

Amazonas — ein Mahlstrom der Träume. Führten seine Fluten zum El Dorado — zu der sagenhaften Stadt aus purem Gold? Hauptmann Francisco de Orellana läßt die Expedition von Gonzalo Pizarro in Ecuador im Stich und fährt 1542 auf eigene Faust mit ein paar Mann den Napo hinunter. Die Männer leiden entsetzliche Qualen und verteidigen ihre nackte Haut gegen die Attacken der Flußindianer, weibliche Krieger, die Amazonen glichen, jenen Fabelwesen aus griechischen Sagen. Orellana erreicht den Atlantik und kehrt mit reichen Schätzen an den Hof von Madrid zurück. Unverzüglich soll er zurückkehren und »Neu-Andalusien« in Besitz nehmen. Das Flußfieber rafft ihn dahin. Im 18. Jh. errichten die Portugiesen Befestigungen in Belém, Santarém, Óbidos, Manaus und noch weiter den Rio Solimões und Rio Negro flußaufwärts. Im 19. Jh. explodiert der Kautschukboom. Heerscharen von Abenteurern und Spekulan-

ten folgen dem Ruf nach Manaus, Leticia und Iquitos, fieberverseuchten Nestern, in denen über Nacht Paläste aus italienischem Marmor entstehen.

Der Blütentraum vom irdischen Paradies zerfällt schnell, doch in der feuchten Hitze bricht das Fieber immer wieder aus. »Fitzcarraldo« ist keine Erfindung von Werner Herzog, er hat gelebt; Henry Ford hat gelebt und Millionen Dollar am Rio Tapajós mit Gummiplantagen verloren; ein anderer US-Millionär, Daniel Ludwig, verspielte sein Vermögen am Rio Jari. Amazonien, auch heute noch hat dieser Name magischen Klang. Tausende folgen den Staubstraßen und schlammigen Pisten immer tiefer hinein, um dem roten Boden Schätze abzuringen. Sie hinterlassen zerstörtes Land.

MANAUS

(E 3) Eine stinkende Industriestadt (1,5 Mio. Ew.) am Rio Negro. Die Amazonas-Romantik, die Sie vielleicht suchen, werden Sie in dieser Stadt kaum noch finden. Die sechs, sieben Großraumflugzeuge, die täglich aus

*Regenwald am Ufer des Rio
Madeira in der Nähe von Humaitá*

São Paulo, Brasília und Rio einschweben, schaffen weniger Naturschwärmer als »Butterfahrer« heran, die im zollfreien Gebiet dem Konsumrausch verfallen, nur um die Lieben daheim mit Videorecordern, Parfums und Uhren zu beglücken. Man sollte wegen der umständlichen Zollabfertigung, die vor dem Abflug stattfindet, bereits zwei Stunden früher einchecken.

Aber Manaus ist der Ausgangspunkt für alle Touren am mittleren und oberen Amazonas (bzw. Solimões; so heißt er nämlich bis zur Vereinigung mit dem Rio Negro, an dem Manaus liegt). Selbst mit kleinen Abstechern in die Wasserwüste läßt sich bereits Amazonien »schnuppern«.

BESICHTIGUNGEN

Mercado Municipal

Die gußeisernen Markthallen, vor hundert Jahren nach europäischem Vorbild errichtet, haben schon bessere Zeiten gesehen. Unter ihren Dächern spielt sich vormittags das bunte tropische Treiben ab, argwöhnisch von den Geiern bewacht. Empfindlichen Nasen ist der Besuch abzuraten. *Rua dos Barés*

Schwimmende Pier

⚓ Das ist der Flußbahnhof von Manaus. In alle Himmels- und Flußrichtungen fahren von hier aus die *gaiolas,* die bananenkrummen »Vogelbauer«, ab. Reisende mit Lust auf Abenteuer können sich den Schiffen anvertrauen — am besten mit Hängematte im Oberdeck. Eine solche Flußfahrt macht süchtig; es ist die bequemste Art des Reisens in Amazonien. Aber man sollte sich darauf ein wenig vorbereiten.

Teatro Amazonas

★ Sie werden wohl kaum Gelegenheit haben, an einer Konzert- oder Opernaufführung in diesem Prachtbau aus den Zeiten

Kleiner Hafen an einem der Seitenarme des Rio Negro

MARCO POLO TIPS FÜR DEN NORDEN

1 Amazon Lodge
Wie Tarzan im tiefen
Dschungel leben und
Piranhas angeln (Seite 68)

2 Teatro Amazonas
Amazonas-Romantik aus
der Zeit des Kautschuk-
booms (Seite 66)

3 Gaiola-Fahrt
Den Amazonas rauf oder
runter gemütlich in der
Hängematte schaukeln
(Seite 71)

4 Ver-O-Peso
Fisch- und Fruchtmarkt mit
starken Gerüchen am Kai
von Belém (Seite 69)

5 Círculo Militar
Die Amazonas-Küche
probieren im alten Fort
von Belém (Seite 70)

6 Serra Pelada
Das größte Hoffnungs-
loch der Welt. Hier haben
einmal 90 000 Goldgrä-
ber gebuddelt (Seite 71)

Oper von Manaus

der Gummibarone teilzuneh-
men. Trotz Renovierung pfeifen
hier eher die Mäuse; wer hat
heutzutage noch das Geld für
Bühnenluxus? Doch man sollte
das phantastische Bauwerk der
Amazonas-Romantik besichti-
gen. *Tgl. 9–16 Uhr, P. São Sebastião*

RESTAURANT

Caçarola
Wer glaubt, in Manaus auf
Schritt und Tritt urige Fischloka-
le zu treffen, der wird enttäuscht.

Aber hier können Sie die vorzüg-
lichen Amazonasfische probieren. *Mo–Sa 11–15, 18–22 Uhr,
Av. Maués 188, Tel. 092/
233 30 21, Kategorie 3*

EINKAUFEN

Zollfreie Elektronik, Parfums,
Uhren usw. Für europäische Besucher ist das Angebot wenig aufregend. Interessant sind India-
nerschmuck und kunstgewerbli-
che Gegenstände der Region.

HOTEL

Hotel Tropical
Eine einsame Fünf-Sterne-Insel
weit und breit: Tennisplätze, ein
Wellenbad, sogar ein eigener
zoologischer Garten und eine
besondere Anlegestelle am Rio
Negro. Als Stützpunkt für Touren in die amphibische Welt
Amazoniens gut geeignet. *606
Zi., Direktzubringer vom Flughafen
bei Vorbuchung. Ponta Negra, 16 km
von Manaus, Tel. 65 80 00, Fax
658 50 26, Kategorie 1*

SPIEL UND SPORT

Angeltouren gehören meist auch zu den Pauschalpaketen bei längeren Dschungeltrips. Einen Piranha aus dem Wasser zu ziehen gelingt auch dem ungeübtesten Angler mit einer Schnur, einem Haken und einem Stückchen Fleisch daran. Nur die Hand hat im Wasser nichts zu suchen!

AM ABEND

Für gewöhnliche Sterbliche ist eine Tour durch die schummrigen Kneipen von Manaus ein zu heißes Pflaster. Trotzdem seien zwei *boîtes* genannt, in denen heiße Lambada angesagt ist: *Hawaii* und *Kalamazou,* beide an der *Estrada da Ponta Negra* außerhalb des Zentrums.

AUSKUNFT

Emamtur
Av. Paes de Andrade, 379, Tel. 092/ 232 91 40

ZIELE IN DER UMGEBUNG

Amazon Lodge   (E 3)

★ Interessanter, als viele Tage im Ghetto eines stadtnahen Luxushotels zu verbringen, ist der Aufenthalt in einem der zahlreichen Dschungelhotels, die meist per Außenborder von Manaus angesteuert werden.

Empfehlenswert (und unter Schweizer Führung) ist die *Amazon Lodge (24 Zi.)* am Lago do Juma, 100 km von Manaus, ein schwimmender Bungalow inmitten der unberührten Natur, zu buchen über: *Manaus: Tel. 092/232 14 54, Fax 232 43 26, oder in Rio: Tel. 021/235 28 40, Fax*

236 52 85. Zwei Tage/drei Nächte pro Person ca. 250 Dollar.

Boa Vista   (D 1)

Hauptstadt (100 000 Ew.) des Bundesstaates Roraima, des neuesten Eldorados der Goldsucher, eine Flugstunde von Manaus, zwei Grad nördlich des Äquators. Die Stadt bietet nichts außer fürchterlicher Hitze und einer Landverbindung nach Venezuela (Bus/Jeep bis Grenze ca. 12 Stunden).

Flußtouren

Schiffsreisen auf dem Solimões/ Amazonas bieten fast alle örtlichen Reisebüros an. Etwas ganz Besonderes aber ist ein Trip mit der »Tuna« den Rio Negro hinauf. Das Schiff ist ein umgebauter 26 m-Dampfer mit 10 komfortablen Kabinen, Sonnendeck und aller Amazonas-Romantik à la Fitzcarraldo. *Zu buchen über: Safari Ecológico, Manaus, Tel. 092/ 233 69 10 oder in Rio: Tel. 021/ 240 67 85, 3 Tage/Nächte ca. 600 Dollar pro Person.*

Porto Velho/
Rio Branco   (C–D 5, B 5)

Die Hauptstädte der Bundesstaaten Rondônia und Acre, von Manaus eine bzw. zwei Flugstunden entfernt, bieten wenig Sehenswertes. Wild-West-Atmosphäre für Abenteuerlustige.

Santarém   (F 3)

Zweitgrößte Stadt des Amazonasstaates Pará, auf halber Strecke nach Belém. Mit dem Schiff kommt man automatisch durch. Hier mündet der Tapajós — und das Farbenspiel der Fluten ist ebenso eindrucksvoll wie bei Manaus.

Tabatinga (B 3)

Nach amazonischen Maßstäben gehören auch noch Orte in 1000-km-Distanz zur »Umgebung«: zwei Flugstunden von Manaus am Dreiländereck von Peru, Kolumbien und Brasilien gelegen. Ein Besuch in diesem Schmugglernest ist etwas für Abenteuernaturen; man kann von dort per Flugzeug nach Iquitos und Bogotá weiterreisen, aber natürlich nicht am gleichen Tage. Die Unterbringung auf brasilianischer Seite ist primitiv, man wohnt besser in Leticia (Kolumbien), das vom brasilianischen Tabatinga nur durch einen Kreidestrich getrennt ist.

BELÉM

(**H 2**) »Bethlehem« (1,1 Mio. Ew.), die Hauptstadt des Bundesstaates Pará, liegt auf einer Halbinsel, die sich wie der Bug eines Schiffes in das Amazonasdelta schiebt. Das Forte do Castelo ist die Galionsfigur Beléms. Von seinen Mauern schweift der Blick weit hinaus auf die Bucht von Marajó, noch Fluß, schon Meer. Hinter dem Fort liegen die malerischen Piers und Schuppen, gewagte Konstruktionen aus Balken und Latten, hölzerne Laufstege, die sich im Labyrinth der Buden und Spelunken an den Ufern des Guamá verlieren. Unterhalb der Festung sind die Fischerboote festgetäut. Im Morgengrauen bringen sie ihre Ladung herein, die an Ort und Stelle verhökert wird. Fette, schwarze Geier und magere Köter streiten sich um die Reste. Amazonasdschungel im Miniaturformat kann man im Park Rodrigues Alves (an der Straße zum Flughafen) erleben.

Handelshafen von Belém

BESICHTIGUNGEN

Altstadt

Die Altstadt durchziehen schattige Mangobaum-Alleen, die zum Stadttheater *(Teatro da Paz)* führen und zu einem Dutzend barocker Kirchen. Im Oktober ist die Kathedrale Mittelpunkt der großen Círio-Prozessionen. Ein Platz zum Verweilen ist das *Forte do Castelo* mit einer schönen Aussicht über den immer von Menschen wimmelnden Markt und die Baia do Guajará.

Ver-O-Peso-Markt

★ »Prüfe-das-Gewicht« heißt dieser Bazar wörtlich, aber Sie sollten lieber auf Taschendiebe achten. Der Markt, in alten Eisenhallen direkt am Pier, bietet so ziemlich alles, was in amazonischen Gefilden krabbelt, wächst und stinkt. Hier müssen Sie unbedingt die Tacaca probieren, eine dicke Suppe mit Krabben und Jambo-Gemüse, die in Kokosnußschalen serviert wird. Ihr scharfes, auf der Zunge kribbelndes Aroma wird durch die Blausäure, die der frische, aber nicht mehr der getrocknete Maniok enthält, hervorgerufen.

MUSEUM

Museu Emílio Goeldi
15000 Objekte indianischer Kulturen und über 50000 Pflanzenarten sind hier archiviert und zum Teil ausgestellt. Riesenschlangen, Krokodile und Affen warten auf Ihren Besuch – die wissenschaftlichen Mitarbeiter des Museums schätzen dagegen eher die Ruhe zum Forschen. Denn hier beschränkt man sich nicht aufs Sammeln und Ausstellen. Mehrere Generationen von Naturwissenschaftlern des Museums haben bahnbrechende Untersuchungen über den Regenwald angestellt. *Di–Do und Sa 9–12 und 14–17, Fr 9–12, So 8–18 Uhr, Av. Magalhães Barata 376, Tel. 224 92 33*

RESTAURANTS

Círculo Militar
★ Der beste Platz, um die Regionalküche Amazoniens auszuschmecken, z.B. *Pato ao tucupi*, Ente mit dem auf der Zunge kribbelnden Tucupi-Kraut. *Tgl. 12–15, 19–24 Uhr, Forte do Castelo, Tel. 091/224374, Kategorie 2*

O Outro
Gute Amazonas-Küche, wie auch im *Lá em Casa* (gleiches Haus, gleiches Telefon). *Av. Governador José Malcher 982, Tel. 091/223 12 12, Kategorie 2*

EINKAUFEN

Gleich neben dem Ver-O-Peso befindet sich ein schmucker Markt für Volkskunst und allerlei Souvenirs: Indianischer Federschmuck, Töpferei von der Insel Marajó, ausgestopftes Getier und Ledersachen.

HOTELS

Hilton International Belém
Erste Adresse im Zentrum, die alles bietet, was man von fünf Sternen erwarten kann. *361 Zi., P. da República, Tel. 091/223 65 00, Fax 225 29 42, Kategorie 1*

Excelsior Grão Pará
Das Hotel hat schon bessere Tage gesehen: als nämlich hier die Passagiere der Wasserflugzeuge auf der Route New York–Rio einen Zwischenstopp einlegten. *91 Zi., Av. Presidente Vargas 718, Tel. 091/222 32 55, Fax 224 97 44, Kategorie 2*

SPIEL UND SPORT

Angeltouren im Amazonasdelta – zu buchen durch die ortsansäs-

---

Der Küsser

Das Parlament erstarrte. Soeben war der Präsident in sein Amt eingeführt worden. Plötzlich schob sich ein Unbekannter an ihn ran – mit einem Dolch im Gewande? Die Sicherheitsbeamten reagierten nicht schnell genug. Der Mann war schon auf Tuchfühlung mit dem Staatschef gekommen – und drückte ihm ein Küßchen auf die Wange. »Ah – der Beijoquero!« Brasilien atmete auf. Es war ja nur der »Küsser«, der wieder »zugeschlagen« hatte. Andere sammeln Autogramme – der Küsser sammelt Küsse.

sigen Reisebüros. Segeltörns sind möglich, aber schwierig zu organisieren. Am besten im Yachtclub *(Av. Bernardo Sayão 3224, Tel. 091/224 73 99)* nachfragen — dort kann man auch mit Aussicht auf den Fluß nett speisen.

❖ Lambada — die wurde hier erfunden. Doch Vorsicht! Die zahlreichen Lambada-Tanzschuppen am Rio Guamá sollte man auf keinen Fall allein aufsuchen!

Ciatur
Av. Pres. Vargas 645, Tel. 091/228 00 11

Amazonastrip (E–F 3, G–H 2)
★ ⚓ Im Gewirr der Planken und Piers am Ufer des Rio Guamá liegen die *gaiolas.* Die oft vollbesetzten »Vogelbauer« legen zumeist frühmorgens oder abends ab und brauchen, je nach Strömungsverhältnissen, rund drei Tage bis Santarém, eine Woche bis Manaus und zwei bis nach Tabatinga/Leticia.

Aber was sind schon Tage, Wochen auf dem Amazonas! Kaufen Sie sich eine Hängematte (10 Dollar), einen Vorrat Trockenfutter (Bier gibt's an Bord), eine Rolle Toilettenpapier, ein Röhrchen Kohletabletten und reichlich Insektenschutzmittel, dazu nehmen Sie ein dickes Buch mit oder den Walkman mit genügend Kassetten. Hängen Sie sich in die Erste Klasse auf dem Oberdeck, da weht immer eine kühle Brise, und lassen Sie die Hast und Verspannung davonschwimmen. Schon bald wird Sie der träge Rhythmus des Flusses in einen tranigen Zustand wiegen, der immun macht gegen alle Aufregung und Moskitostiche. *Die Preise müssen ausgehandelt werden; je nach Leistung zwischen 30 und 100 Dollar pro Tag und Person.*

Marajó (H 2)
Reiterferien unter Wasserbüffeln auf einer Insel, die so groß wie die Schweiz ist und mitten im Amazonasdelta liegt. *Nur durch örtliche Reisebüros und mit einem Lufttaxi zu erreichen.*

Serra dos Carajás (H 3)
Die größte offene Eisenerzmine der Welt wurde Ende der sechziger Jahre entdeckt. Eine Besichtigung ist nur mit Genehmigung der noch staatlichen Gesellschaft Companhia do Vale do Rio Doce möglich. In Carajás, am besten per Flugzeug von Belém zu erreichen, gibt es ein passables Hotel zum Übernachten: *Luxor-Hotel Maxwell, Serra Norte, 36 Zi., Tel. 091/328 12 38, Fax 328 13 66, Kategorie 2*

Serra Pelada (H 3)
★ Vor zehn Jahren war das *die* Goldmine in Amazonien. 80 000 menschliche Ameisen buddelten dort im Dreck und holten einige Tonnen des begehrten Metalls heraus. Einige hundert Garimpeiros können es nicht lassen, aus dem Abraum noch kleinste Partikel auszuwaschen, ansonsten ist die Serra Pelada ein Barackennest im Dschungel wie viele andere auch. Nur für Abenteuerlustige! *Bus/Kollektivtaxi von Marabá. (Tgl. Flugverbindung nach Belém)*

Archaisches Hinterland und weite Strände

*Unvergeßlich auch Salvador da Bahia,
das so farbenprächtige schwarze Rom*

Man trifft sie auf Volksfesten und Wochenmärkten, bei Hochzeiten und Begräbnissen oder sonntags auf dem Dorfplatz: phantastisch aussehende Gestalten, in gelbes oder rötlichbraunes Leder gekleidet, auf dem Kopf den helmartigen, hartledernen Hut der Viehtreiber, der ihnen das Aussehen von altzeitlichen Kriegern oder von Banditen verleiht; häufig ein Gewehr auf dem Rücken, an der Seite das säbelgroße Haumesser, zu Pferd, aber auch, aus Armut, zu Fuß, einen Leinensack unter dem Arm, der die Viola, die sechssaitige Gitarre, oder die Rebeca, die viersaitige Violine, enthält. So ziehen sie jahraus, jahrein durchs Land, — Brasiliens *cantadores* oder *trovadores,* die wohl letzten Troubadoure der Menschheit, erfüllt von ihrer Aufgabe, von Gott selbst berufene Dichter und Sänger zu sein, der Wahrheit und Gerechtigkeit zu dienen, den Menschen Neuigkeiten zu bringen und den Lauf der Welt zu kommentieren.

Die Hungersnot und das Hundeleben unter der Knute der Herren zwangen die Menschen zur Wanderschaft. Millionen folgten dem Ruf in die großen Städte. »Es war eine Reise, die nie zu Ende ging, da sie ständig wiederholt wurde von Männern, die den vorausgezogenen wie ein Becher Wasser dem anderen glichen ... Sie zogen durch die Caatinga, ungeachtet der Steine, Dornen, Schlangen und Echsen, strebten vorwärts Richtung São Paulo, wo sie das Land der Verheißung wähnten«, beschreibt es Jorge Amado in »Die Auswanderer vom São Francisco«. Aber der Nordosten entvölkerte sich nicht, denn die Bäuche der Frauen waren fruchtbar, viel fruchtbarer als das Land. Ist das alles schon Geschichte? Nein, der Nordosten ist noch immer Brasiliens Armenhaus. Und die alten Familien bestimmen immer noch, wer regieren darf.

Auf der Insel Fernando de Noronha

SÃO LUÍS

(**I 2–3**) São Luís (630 000 Ew.) ist die Hauptstadt des Staates Maranhão, der so groß wie Frankreich ist. Franzosen waren es auch, die sich mit den Holländern im 17. und 18. Jh. um den Besitz der Hafenstadt und ihres Hinterlandes stritten. Das koloniale Stadtbild ist noch erstaunlich geschlossen. Der »Balkon« der Stadt, die *Praça Benedito Leite,* bietet eine hübsche ◀▶ Aussicht über die roten Ziegeldächer und die Baia de São Marcos. In São Luís geht es weniger hektisch zu als in anderen brasilianischen Städten vergleichbarer Größe. Vielleicht liegt es an der lastenden Hitze, die gottlob immer wieder durch eine frische Brise vom Meer unterbrochen wird.

Centro Histórico
Ein Spaziergang durch die Gassen der oberen Altstadt mit dem Besuch der barocken Kirchen oder des Löwenpalastes aus dem 18. Jh., heute Sitz des Gouver-

neurs, vorbei an vielen Brunnen, mit einer Ruhepause auf der schattigen Praça Dom Pedro. Viele ein- und zweistöckige Häuser mit schönen Balkonen und fliesenverkleideten Fassaden sind noch aus der Kolonialzeit erhalten.

MUSEUM

Museu de Artes Visuais
Historisches Museum mit angeschlossener Kunstgalerie. *Di–Fr 9–18, Sa–So 14–18 Uhr, Rua Portugal 289 (Centro Histórico)*

RESTAURANT

Den zahlreichen Fischlokalen an der Praia kann man sich relativ bedenkenlos anvertrauen, wenn man sich vor der Zubereitung von der Frische der Fische und Schaltiere überzeugt.

Base do Germano
Empfehlenswert, um die regionale Küche kennenzulernen. *Mo bis Sa 11–16, 18–24 Uhr, So geschl., Av. Wenzeslau Brás (Canto da Fabril), Tel. 098/223276, Kategorie 3*

EINKAUFEN

Centro de Artesanato
Besonders die Pappmaché-Masken von den »Bumba-meu-Boi«-Festen sind schön. *Mo–Fr 8–18 Uhr, Rua São Pantaleão*

HOTELS

Hotel Sofitel Quatro Rodas
Am Strand das erste Haus, das den Komfort eines Fünf-Sterne-Hotels bietet. *107 Zi., Praia do Calhau, Tel. 098/2270244, Fax 2274737, Kategorie 1*

Häuser am Strand von São Luís

74

Vila Rica

〰️ Zentral in der oberen Altstadt gelegen, angenehm und komfortabel. *213 Zi., P. Dom Pedro II 299, Tel. 098/232 35 35, Fax 222 12 51, Kategorie 1*

AUSKUNFT

Agetur
Rua do Sol 33, Tel. 098/222 25 52

ZIELE IN DER UMGEBUNG

Alcântara (I 2)

Eine koloniale Geisterstadt auf der anderen Seite der Bucht. Nur noch wenige Menschen und Katzen wohnen in den Halbruinen des 18. Jhs. Super-süße nostalgische Atmosphäre und in der Umgebung schöne Strände. Man kommt nur mit dem Boot

MARCO POLO TIPS FÜR DEN OSTEN

1 O Alfredo
Gemütliche Pinte mit riesigen Fischportionen an der Strandpromenade von Fortaleza (Seite 76)

2 Juazeiro do Norte
Um den Staub zu schmecken und die Atmosphäre im Hinterland des Nordostens (Seite 78)

3 Museo do Homem do Nordeste
Eindrucksvolles (kleines) Museum in Recife über die Volkskultur und die Zuckerplantagen in Pernambuco (Seite 79)

4 Olinda
Koloniale Kleinstadt vor den Toren Recifes mit krummen Gassen und munterem Künstlerleben (Seite 82)

5 Casa da Cultura
Im ehemaligen Gefängnis von Recife findet sich die reichhaltigste Auswahl der Volkskunst Brasiliens: in jeder Zelle ein Schnäppchen (Seite 80)

6 Bargaço
Fischlokal in Recife mit großer Auswahl frisch vom Fang (Seite 79)

7 Altstadt Salvador
Bummel durch die barocke Welt der alten Hauptstadt Brasiliens und Besuch der prächtigen Kirchen rings um die Praça Anchieta (Seite 84)

8 Praia de Itapoã
Strandleben und spontane Musik unter Kokospalmen (Seite 86)

9 SENAC
Das Restaurant der Hotelfachschule von Salvador ist der beste Ort, um alle bahianischen Köstlichkeiten auszuprobieren (Seite 85)

10 Macumba/Umbanda
Besuch einer Afro-Kultstätte, um zu spüren, wie nahe der Schwarze Kontinent liegt — falls nicht gerade eines der vielen afrochristlichen Feste in Salvador stattfindet (Seite 86)

hin. *Anlegestelle direkt unterhalb des Centro Histórico, Hinfahrt 8 Uhr, zurück 13–15 Uhr je nach Tide. Die Überfahrt dauert etwa eine Stunde.*

FORTALEZA

(**L 3**) Daß Fortaleza (1,8 Mio. Ew.), die Hauptstadt der armen Nordostprovinz Ceará, eine schöne Stadt ist, kann man schwerlich behaupten. Aber dafür hat man ja den Strand. Und was für einen!

Fortaleza wurde von den Holländern gegründet und trug den Namen Schoonenborch – doch daran erinnert fast nichts mehr. Fortaleza muß so gut wie ohne koloniale Kleinodien auskommen, hat jedoch ein schönes Jugendstiltheater und ist eine lebenslustige Fischer- und Badestadt. Die Fischer kommen mit ihren zerbrechlich scheinenden, flachen *jangadas* – Segelflößen – direkt an den Strand und breiten die Meeresfrüchte aus, an denen man sich hier mehr als andernorts preiswert satt essen kann. Weltruhm haben die Langusten. An die bettelnden Blicke der Kinder muß man sich dabei wohl gewöhnen – Fortaleza ist immer noch der vermeintlich sichere Hafen der Flüchtlinge aus dem knochentrockenen und unterentwickelten Hinterland, das von periodischen Hungersnöten heimgesucht wird.

BESICHTIGUNGEN

Altes Stadtgefängnis
Das festungsartige, bemooste Verlies steht nun allen Bürgern in beiden Richtungen offen. Der Reisende kann im Innenhof unter schattigen Bäumen nicht nur eine Kaffeepause einlegen, sondern auch das Folkloremuseum besuchen. Es gibt einen guten Überblick vom Blechspielzeug für Kinder bis zu Exvotos der Gläubigen. *Tgl. 9–19 Uhr, Rua Senador Pompeu 460*

Strandpromenade
❂ Ein Bummel am Strand ist das Hauptvergnügen der Fremden und Einheimischen. Es weht immer eine frische Brise, und es gibt immer etwas zu sehen. Außerdem ist es ungefährlicher als an der Copacabana.

MUSEUM

Museu Histórico e Antropológico do Ceará
Die Geschichte der Region ist reich dokumentiert. *Di–Fr 8–18, Sa 8–12 Uhr, Av. Barão de Studart 400*

RESTAURANTS

Alt-Heidelberg
Wer partout kein Seegetier mag (es gibt in allen Fischrestaurants auch Fleischgerichte), findet hier sogar deutsche Küche. *Mo–Sa ab 19 Uhr, R. Vicente Linhares 498, Tel. 085/224 69 53, Kategorie 2*

O Alfredo
★ ⚓ Dieses Fischlokal an der Küste ist eine Institution. Es bietet zu volkstümlichen Preisen und in lockerem Ambiente alles an maritimen Leckereien, was das Meer so hergibt. *Tgl. 11–13 Uhr, Av. Presidente Kennedy 4616, Tel. 085/224 27 11, Kategorie 3*

Trapiche
Große Auswahl an Fischen und Schalengetier. *Nur mittags geöffn.,*

Av. Presidente Kennedy 3956, Tel. 085/244 44 00, Kategorie 2

EINKAUFEN

Fortaleza ist der beste Ort, um Hängematten und Spitzendecken zu kaufen. Die größte, fast überwältigende Auswahl haben Sie in den Arsenalen des alten Gefängnisses (heute »Centro Turístico«). *Rua Senador Pompeu 460*

HOTELS

Alle Hotels an der *Av. Presidente Kennedy,* der Strandpromenade, sind von gutem Durchschnitt, aber auch von großer Einheitlichkeit. Im Grunde ist es gleich, wo Sie übernachten. Um drei aus einem Dutzend der Kategorie 1 herauszugreifen: *Esplanada Praia* (Nr. 2000, Tel./Fax 085/244 85 55), *Imperial Othon Palace* (Nr. 2800, Tel. 085/244 91 77, Fax 22 47 77), *Novotel Magna Fortaleza* (Nr. 2380, Tel. 085/244 91 22), Fax 261 27 93).

SPIEL UND SPORT

In und um Fortaleza finden Sie die schönsten Dünenstrände des Nordostens. Je weiter von der Stadt, desto klarer ist das Wasser und desto ruhiger das Strandleben. Mit einem Strand-Buggy können Sie auf Entdeckungsreise gehen oder mit Fischern zum Fototermin oder Fischfang auf einer *jangada* durch die Brandung rauschen, sollten dann aber ein sicherer Schwimmer sein.

Im Umkreis von 100 km finden sich jede Menge paradiesischer Strände mit Dünen, Palmen und Lagunen. Am besten fährt man mit dem Mietwagen immer dicht an der Küste entlang und dann die Stichstraßen hin zum Meer. Sie werden dort nicht der erste sein — aber auch nicht zum letzten Mal diese Superstrände besuchen.

AM ABEND

Schwof am Strand. Das Besondere an Fortaleza (und dem Nordosten) sind die *Forro*-Lokale. Forro ist verballhorntes Englisch und heißt »for all«.

Babilônia

Einer der beliebtesten Showpaläste in Fortaleza; hauptsächlich *Música popular brasileira. Av. Santos Dumont 5779, Varjota, Tel. 085/234 67 42*

AUSKUNFT

Crevitur

Rua Eduardo Garcia 21, Tel. 085/261 14 22

ZIEL IN DER UMGEBUNG

Iguape   (L 3)

Iguape liegt nur 40 km südlich von Fortaleza, täglich fährt ein Bus dorthin. Das Fischerdorf kauert jenseits einer Lagune versteckt hinter Dünen. Große Hotels gibt es nicht, man muß sich selber Unterkunft suchen, vielleicht auch ein Wochenendhaus mieten. Wind und Wellen haben hier die Dünen zu mächtigen Wandergebirgen aufgetürmt, von deren Kamm die Buben aus dem Dorf auf Brettern herabrodeln. Nachmittags ist alles auf den Beinen, um den Fang der Fischer zu begutachten. Über die stürmische See kommen die Dreieckssegler herein.

Juazeiro do Norte (L 4)

★ ⚱ Die Pilgerstadt (180 000 Ew.) zeigt dem Besucher den Nordosten »pur« in seiner ganzen Kargheit. Nur der Himmel der kleinen Leute ist reich. Jedes Jahr ziehen am 1. und 2. November lange Prozessionen, *romarias,* an die Stätten der Wunder und Heiligen. Besonders nach Juazeiro. Denn hier lebte und predigte Padre Cícero, *O padim,* der kleine Pater, der Lahme laufen und Blinde sehen machen konnte. Nun steht er oberhalb der Stadt, steif wie ein Stock, ein gipsweißes Standbild, 25 Meter hoch. Die Sonne brennt unbarmherzig auf die Pilger, die auf Lastwagen viele hundert Kilometer weit gekommen sind und nun singend, betend und auf den Knien den spitzsteinigen Kreuzweg zum Monument hochrutschen. Die Stadt ist voller Devotionalienhändler, die Statuen des Padre in allen Größen verkaufen. Aus der Kathedrale dringen süße Gesänge, und draußen auf dem Platz summt der Jahrmarkt der Frömmigkeit. 528 km

Praia do Futuro

⚱ Pulsierendes Strandleben, nonstop. Jeder Teutone sieht bald wie ein gesottener Krebs aus. Deshalb die Sonnenschirme nicht verachten! Lassen Sie sich eisgekühltes Bier bringen, Holzbrett und Schlegel — und dann die frischen Krebse zum Knaken. 8 km

RECIFE

(M 4) Metropole des Nordostens, Einfallstor der Charterflieger und Hauptstadt (1,4 Mio. Ew.) der traditionsreichen Provinz Pernambuco. Statt »Riff« trug die Stadt einmal den Namen »Moritzburg«, und die gebildeten Pernambucaner sind heute noch stolz darauf. Denn es war Moritz von Nassau, der im Auftrag der holländischen Westindischen Compagnie den Landstrich in Besitz nahm, um ihn für den Anbau von Zuckerrohr ur-

Bahnhof in Recife

bar zu machen. Moritz von Nassau muß ein sehr fortschrittlicher Mann gewesen sein, denn er holte Künstler und Wissenschaftler nach Brasilien und förderte das friedliche Zusammenleben von Menschen aller Rassen und Religionen. Den holländischen Pfeffersäcken ging das zu weit, und sie beriefen ihren erfolgreichen Statthalter ab. Nicht lange darauf zerfiel die Kolonie, und die Portugiesen eroberten Pernambuco zurück.

Geblieben ist die Monokultur des Zuckerrohrs, das auf dem fruchtbaren Küstenstreifen wie ein tiefgrünes Meer unter dem azurnen Himmel wogt. Und geblieben sind die Bauwerke, die Moritz von Nassau errichten ließ, um aus Recife ein zweites Amsterdam zu machen.

BESICHTIGUNGEN

Altstadt
✪ Tagsüber kocht die Altstadt vor Menschenmassen über. Fast jede Gasse ist in einen schreienden Basar verwandelt. Lassen Sie sich in der Menge treiben. Anhaltspunkte mögen die barocken Kirchen und Klöster sein. Das alte Zentrum von Recife liegt auf einer Halbinsel, die mit der Hafenvorstadt und der Neustadt durch viele Brücken verbunden ist. An der Nasenspitze der Halbinsel liegen der Regierungspalast, das Teatro Santa Isabel und der Gerichtshof.

Die belebte Avenida Dantas Barreira führt tiefer ins Herz der Altstadt, das beim Karmeliterkloster *(Convento do Carmo)* und auf dem Patio de São Pedro schlägt, einem schön restaurierten Kirchenvorplatz mit einigen Kneipen für ein Ruhepäuschen. Die Kirche *São Pedro dos Clérigos* liegt an der Stirnseite des Platzes, mit einer schönen Fassade im Stil des lusitanisch-brasilianischen Barock. Die achteckige Kuppel hat großartige illusionistische Deckenmalereien.

Das *Convento de Santo Antônio* in der Rua do Imperador beherbergt die kostbar, aber nicht überladen ausgestattete *Capela Dourada*. Ebenfalls im Viertel Santo Antônio liegt das sternförmige *Forte Cinco Pontas* (Fort der fünf Spitzen), das die Holländer erbauten und in dem sie dann ihre Kapitulation unterzeichnen mußten. Heute befindet sich hier ein kleines Museum.

MUSEUM

Museu do Homem do Nordeste
★ Die lange Anfahrt lohnt sich. Die Geschichte der Sklaverei und Zuckerwirtschaft ist sehr instruktiv dargestellt. Dazu wunderschöne Exponate brasilianischer Volkskunst. *Di–Fr 11–17, Sa/So 13–17 Uhr, Av. 17 de Agosto 2187 (Casa Forte), weit vom Zentrum und am besten mit Taxi zu erreichen, Tel. 081/268 20 00*

RESTAURANTS

Bargaço
★ Fisch in allen Variationen – und besonders *peixada*, eine Fischsuppe, die jede Bouillabaisse in den Schatten stellt – in angenehmer Atmosphäre. *Tgl. 12–15, 20–24 Uhr, Av. Boa Viagem 990, Tel. 081/326 04 91, Kategorie 2*

Marrua
Auf gleichem Niveau, aber teurer als das Bargaço. *Tgl. 12–24*

Uhr, Rua Ernesto de Paula Santos 183, Boa Viagem, Tel. 081/ 326 16 56, Kategorie 1

O Laçador

Für Fleischfresser die gewohnt nicht abreißenden Portionen im Rodízio-System. Kein Meerblick. *Tgl. 12–24 Uhr, Rua Visconde de Jequintonha 138, Boa Viagem, Tel. 081/326 39 11, Kategorie 2*

EINKAUFEN

Der Nordosten Brasiliens liefert die schönste Volkskunst. Ein Einkaufsparadies dafür ist das ehemalige Gefängnis, heute ★ »Casa da Cultura«, in der Altstadt. Das Gebäude ist ein eindrucksvolles Beispiel zweckgerichteter Barockarchitektur. Glücklicher-

weise hallen aus den Zellen nicht mehr die Schreie der Gefangenen, sondern nur noch die der Händler. Klöppel- und Stickarbeiten, Holzplastiken, Lehmfiguren und Hängematten gehören zum reichhaltigen Angebot. Im Gefängnishof improvisierte musikalische Ständchen. *Rua Floriano Peixoto*

HOTELS

Grundsätzlich muß man sich entscheiden, ob man in der heruntergekommenen Altstadt wohnen möchte oder an Recifes »Copacabana« Boa Viagem, wo sich die meisten Touristenhotels befinden. Dort liegen die besseren Herbergen, die Auswahl ist größer und der Strand nahe.

Die Avenida Guarapes im Zentrum von Recife

Castelinho Praia

Das »Schlößchen« unterscheidet sich wohltuend von den ansonsten recht gleichförmigen Hotelkästen. *40 Zi., Av. Boa Viagem 4520, Tel. 081/326 11 86, Fax 465 11 50, Kategorie 2*

Diskos, Nachtclubs *(boîtes)* und Nepplokale sind die bedauerlichen Folgen des Massentourismus, der vor Recife nicht haltgemacht hat. Eindeutige Offerten für alleinstehende Herren gehören dazu. Recife gilt inzwischen leider als Geheimtip für »liebesbedürftige« Touristen.

AUSKUNFT

Sevagtur

Rua Setúbal 60 (Boa Viagem), Tel. 081/325 31 77

ZIELE IN DER UMGEBUNG

Caruaru (M 4)

Die Provinzstadt (160 000 Ew.) in den Bergen bildet einen harten Kontrast zum tropischen Dolcefarniente an der Küste. Hier spürt man das steinerne, trockene Herz des Nordostens schlagen. Die Stadt ist berühmt für ihre Bänkelsänger und Lehmfiguren. 135 km

Fernando de Noronha (M 3)

Der östlichste bewohnte Punkt Brasiliens mitten im Südatlantik, rund 200 km vor der Küste, 525 km von Recife entfernt — das sind 18 unter Naturschutz gestellte felsige Quadratkilometer, 1500 Insulaner und ein simples Gästehaus. Der Besuch dieser einsamen Insel (zweimal wöchentlich Linienflüge) lohnt nur für Einsamkeitsfanatiker und Tauchfreaks. *Nur über Reisebüro zu buchen, eine Drei-Tages-Tour kostet etwa 800 US-Dollar*

João Pessoa (M 4)

Die Hauptstadt (250 000 Ew.) des Nachbarstaates Paraíba bietet einige hübsche Kolonialbauten und nach Meinung vieler Kenner die schönsten stadtnahen Stände. 120 km

Die Atlantikküste bei Natal bietet viel Abwechslung

Natal (M 3–4)

Eine weitere Perle in der 8000 km langen Kette tropischer Strände. Die Hauptstadt von Rio Grande do Norte hat mit einer fast 100 m hohen Düne, die direkt ins Meer stürzt (Sand-Skilaufen!) eine besonders sportliche Attraktion. Faszinierend sind Dünenfahrten mit VW-Buggies *(nur mit Fahrer)*. 300 km

Porto de Galinhas (M 4)

Ein bislang noch ruhiger Platz unter Kokospalmen und Mangroven an glasklarer See. Hier fehlt die Bremswirkung des Riffs, so daß meist eine schöne Brandung rollt. 65 km

OLINDA

(**M 4**) »O... linda!«, »O... Schöne«, dieser begeisterte Ausruf bei
Anblick des Ortes, der ihm der
Sage nach den Namen gab, stellt
sich beim Besucher auch heute
noch ein. Auf einer Anhöhe über
dem Meer gelegen, besitzt diese
Stadt neben Ouro Preto und Parati das geschlossenste ★ barok-
ke Stadtbild unter den brasilianischen Kreuz des Südens. Die
Stadt (30 000 Ew.) liegt nur 7 km
vor den Toren Recifes, lohnt aber
einen längeren Aufenthalt.

BESICHTIGUNGEN

✥ Die Kopfsteingassen hinauf-
steigen und die Stadt auf eigene
Faust entdecken – hier kann
man es, denn der alte Stadtkern
ist für den Normalverkehr ge-
sperrt. Die frühere Hauptstadt
Pernambucos wurde schon 1537
gegründet, und im *Mosteiro de São
Bento* entstand 1827 die erste
Rechtsschule Brasiliens. Man
kann einige Räume des Klosters
und die interessanten Holz-
schnitzereien der Kapelle besichtigen.

Vom Vorplatz der Kathedrale,
Igreja da Sé, genießt man einen
✥ schönen Blick über die Stadt,
das Meer und die Küste bis Recife. Der berühmteste der Erzbi-
schöfe von Olinda und Recife
war der sozial engagierte Don
Hélder Câmara. Im früheren bi-
schöflichen Palast befindet sich
jetzt das *Museu de Arte Sacra de Pernambuco.* Hügelan geht es zur
Kirche der Jesuiten, *Nossa Senhora da Graça* mit ihrer einfachen
geraden Fassade. ✥ Das Franziskanerkloster mit seiner Kirche *Nossa Senhora das Neves* liegt

dekorativ am Hang. Es ist wegen
der vielen bemalten Kacheln
(Azulejos) sehenswert.

RESTAURANT

L'Atelier

Wie der Name schon sagt: ein
französisches Restaurant in
einem schönen alten Kolonialhaus mit einer Menge Bilder an
der Wand. *Ab 19 Uhr, Rua Bernardo Vieira de Melo 91, Tel. 081/
429 30 99, Kategorie 2*

EINKAUFEN

Feira de Arte e Artesanato

Volkskunst wie in Recife, aber in
geringerer Auswahl; Bilder der
Künstlerkolonie Olinda. *Hauptsächlich am Wochenende, Alto da Sé*

HOTELS

Pousada dos Quatro Cantos

Eine charmante Herberge im
Gassengewirr Olindas. Am be-
sten die Zimmer mit Veranda. *15
Zi., Rua Prudente de Morais 441,
Tel. 081/429 62 20, Fax 429 18 45,
Kategorie 2*

Quatro Rodas Olinda

International und komfortabel,
aber außerhalb gelegen. *115 Zi.,
Av. José Augusto Moreira 2200,
Tel. 081/431 29 55, Fax 431 06 70,
Kategorie 1*

AM ABEND

Beim Bummel durch die stim-
mungsvollen, steilen Altstadtgas-
sen kann man in manches Künst-
leratelier blicken. Musik liegt in
der Luft, immer wieder schallt
aus einer der kleinen Kneipen
eine Serenada.

Igarassu (M 4)

Uraltes Kolonialdorf, inzwischen leider etwas heruntergekommen. In der Nähe sind die Überreste einer Zuckerrohrplantage aus dem 18. Jh. zu sehen. 30 km

Itamaraca (M 4)

Auf der Insel finden sich die älteste Zuckermühle der Holländer und ein stattliches Küstenfort – »Fort Orange« –, das sich in den smaragdenen Fluten des Ozeans spiegelt. Ein beliebtes Naherholungsgebiet der Recifenser, die immer mehr Wochenendhäuschen unter die Kokospalmen setzen. 40 km

SALVADOR DA BAHIA

(L 6) Cidade do São Salvador da Bahia de Todos os Santos, das ist der vollständige Name der »Stadt des Erlösers an der Bucht aller Heiligen«. Die schwarze Seele Brasiliens nistet in ihren Mauern. Der Rhythmus, die sinnliche Vitalität und Frömmigkeit Bahias sind die Hefe der brasilianischen Kultur. In den Ruinen dieser Stadt steht die Wiege der brasilianischen Musik. Fast alle großen Sänger Brasiliens pflegen zu Salvador da Bahia eine besondere Beziehung. Der Seebär Amérigo Vespucci, nach dem einmal die Neue Welt getauft werden sollte, entdeckte 1501 die Vorzüge der weiten, ge-

Der moderne Teil von Salvador da Bahia mit den stadtnahen Stränden

schützten Bucht. 1549 wurde Salvador gegründet und blieb 200 Jahre lang Hauptstadt des tropischen Reiches, bis im Jahre 1763 Rio de Janeiro die Krone an sich riß.

Der Reichtum Salvadors, das Gold seiner prächtigen Kirchen, beruhte auf brutaler Sklaverei. Millionen afrikanischer Sklaven wurden als »schwarzes Gold« aus Afrika verschleppt, um auf den Plantagen der portugiesischen Kolonie buchstäblich verheizt zu werden.

Fast alle Bewohner von Salvador da Bahia (2,5 Mio. Ew.) sind Nachkommen afrikanischer Sklaven. Nur die kleine herrschende Oberschicht versucht der Sonne aus dem Weg zu gehen, um einen möglichst hellen Teint zu behalten. Die Sklaverei wurde erst 1889 aufgehoben, aber sie hat bis heute tiefe Spuren in der Volksseele hinterlassen. Dazu gehören sicher auch Charaktereigenschaften wie Indolenz gegenüber erzwungener Arbeit, Genügsamkeit und Gottvertrauen, vor allem aber die Identifikation mit den uralten afrikanischen Traditionen, Riten und Rhythmen, den die Sklaven die seelische Kraft zum Überleben gaben. Karneval, *Capoeira* (Kampftanz) und *Candomblé* (religiöser Kult) sind die Elemente einer Kultur des Widerstandes — die weiße Oberschicht lehnte sie immer als barbarisch ab. Auch heute noch wirkt die sinnliche Volkslust Salvadors auf viele verklemmte Besucher aus dem trüben Europa wie ein Kulturschock, der schon manche aus der gewohnten Bahn von Sozialversicherung und Terminkalender geworfen hat.

Oberstadt

★ Die Altstadt besteht aus zwei Etagen, die durch einen Lift (und einen Schrägaufzug) miteinander verbunden sind. Die schönsten Gassen, Plätze und Kirchen befinden sich in der Oberstadt. Genießen Sie als erstes den Blick vom ✧ »Balkon« Bahias, der *Praça Tomé de Souza,* gleich neben dem Regierungspalast Palácio Rio Branco. Von dort schlendern Sie über die Rua Misericórdia zur *Praça da Sé* mit dem Bischofspalast und der *Praça Anchieta,* in deren Umkreis sich einige der schönsten Kirchen Salvadors befinden.

Die Kirche des ehemaligen Jesuitenkollegs, 1657–1672 erbaut, ist heute *Kathedrale (Terreiro de Jesus).* Sie hat eine prächtige vergoldete Kassettendecke, die Sakristei hinter dem Chor gilt als schönste in ganz Lateinamerika. *Kirche und Kloster der Franziskaner* befinden sich am Ende des *Terreiro de Jesus* in einer kurzen Stichstraße; überreich vergoldetes Schnitzwerk überzieht den ganzen Innenraum. Links neben der Klosterkirche, mit der Front schon in einer Seitengasse, liegt die Kirche des Laienordens, *Igreja da Ordem Terceira de São Francisco;* ihre über und über mit Figuren und Ornamenten geschmückte Fassade ist einzigartig im brasilianischen Barock.

Den *Pelourinho* (wörtlich »Platz zum Auspeitschen«), den alten Sklavenmarkt und Treffpunkt der Händler, erreicht man über zwei schmale Gassen von der Praça Anchieta aus. Der steile, mit Katzenköpfen gepflasterte Platz mit den schönen Barockhäusern wurde mit vielen Millionen aus dem UN-Kulturfonds wieder instand gesetzt. Vom unteren Ende des Pelourinho steigt eine Gasse hoch zum *Karmeliterkloster (16.–19. Jh.).*

Unterstadt

Die Straßen sind mit Bankpalästen des 19. Jhs. vollgepflastert – aber viel umgesetzt wird heute nicht mehr. Direkt am Hafen der *Mercado Modelo,* ursprünglich ein Sklaven-Magazin und später das Zollamt; ein dutzendmal abgebrannt und wegen der Touristen nun wieder aufgebaut. Es ist vollgestopft mit Souvenirläden – aber ein Päuschen im Terrassenlokal *Maria de São Pedro* mit dem schönen Blick auf das Treiben im Hafen lohnt sich.

MUSEEN

Casa da Cultura Jorge Amado

Eingerichtet zu Ehren des bekanntesten bahianischen Schriftstellers, dessen Romane (z.B. »Gabriela wie Zimt und Nelken«) in alle Weltsprachen übersetzt wurden. *Mo–Fr 9–18 Uhr, Largo do Pelourinho*

Museu da Cidade

Das kleine Museum in einem kolonialen Eckhaus öffnet dem Besucher die Augen über das dunkle Kapitel der Sklaverei und die kreative Phantasie ihrer Opfer. *Di–Fr 7–21 Uhr, Largo do Pelourinho 9*

Museu de Arte Sacra

Wichtige Sammlung sakraler Kunst im gut renovierten früheren Karmeliterkloster. *Di–Fr 9.30–11.30 und 13–17.30 Uhr, Rua de Sodré 276*

RESTAURANTS

O Lagostão

Umfangreiche Speisekarte (auch in Deutsch) mit vielen Meeresfrüchten, freundliche Bedienung. *Am Strand von Itapoã, Rua Agnaldo Cruz 12, Tel. 071/ 249 36 46, Kategorie 2*

SENAC

★ Bahias Küche ist so afrikanisch wie seine Musik. Der beste Platz, um festzustellen, was behagt, ist die Hotelfachschule in einem schönen Kolonialhaus; man wird von blutjungen Kellnern bedient und kann sich selbst an einem Riesenbuffet die Speisen zusammenstellen. *Mo bis Sa 11.30–15.30, 18.30–21.30 Uhr, jeden Mi 18.30 Uhr Folkloreshow, Largo do Pelourinho 13, Tel. 071/242 55 03, Kategorie 2*

Solar do Unhão

Ein ehemaliges Magazin mit Zuckermühle und Hauskapelle, direkt am Wasser gelegen; der richtige Rahmen, um stilvoll zu speisen; abends mit Folkloreshow. Aus Gründen der Sicherheit besser nur mit Taxi ansteuern. *Mo–Sa 12–24 Uhr, Av. do Contorno, Gamboa, Tel. 071/ 321 55 51, Kategorie 2*

EINKAUFEN

Largo do Carmo

Gegenüber der Klosterkirche finden sich einige gut ausgestattete Läden mit großer Auswahl an rohen, geschliffenen und gefaßten Edelsteinen.

Mercado Modelo

Trotz aufdringlicher Händler findet man hier am Hafen alles, was

Bunte Häuser und Barockkirchen prägen die Altstadt von Salvador

das Herz begehrt: Taschen, Tücher, Spitzen, Musikinstrumente, Kitsch, Krims und Krams.

HOTELS

Convento do Carmo
Das Hotel im ehemaligen Karmeliterkloster in der Altstadt soll Anfang 1997 wieder seine Pforten öffnen. Schönes barockes Ambiente, kühler Innenhof. *Rua de Sodré, Kategorie 1*

Enseada das Lajes
Intimes, komfortables Hotel auf einem Hügel an der Bucht von Praia do Rio Vermelho. Sehr persönlicher Service. *10 Zi., Av. Oceânica 511, Morro da Paciência, Tel. 071/336 10 27, Fax 336 06 54, Kategorie 2*

Tropical da Bahia
Zentral gelegenes Luxushotel. Für wohlhabende Stadtstreuner. *292 Zi., P. 5 de Julho 2, Campo Grande, Tel. 071/321 36 99, Fax 321 97 25, Kategorie 2*

Sofitel Quatro Rodas Salvador
Mit Hubschrauberlande- und Golfplatz, am Leuchtturm von Itapoã, wo die schönsten Strände sind. *195 Zi., Rua Passârgada, Tel. 071/249 96 11, Fax 249 69 46, Kategorie 1*

SPIEL UND SPORT

Die Strände sind alle mit dem Bus zu erreichen. Es gilt die alte Regel — je weiter stadtauswärts, desto sauberer. Das Baden ist erst ab Farol da Barra, dem Leuchtturm von Barra, empfehlenswert. Die besten Strände im Einzugsbereich der Stadt sind (in Flughafennähe) am Farol de ★ Itapoã. An der Praia de Itapoã, dem vielbesungenen Strand der Verliebten, scheint der Sand besonders fein, der Surfwind immer richtig und der Atlantik besonders weit und blau zu sein.

AM ABEND

In den vielen Restaurants und Pinten entlang der Strände ist immer etwas los, etwa im Restaurant-Tanzbar *Casquinha de Siri (Tel. 071/249 12 34)* an der Praia do Flamengo.

Auch wenn es inzwischen touristisch organisiert ist: Die Teilnahme an einer ★ Candomblé-Séance sollte man sich in Salvador nicht entgehen lassen. Für manche ist die Macumba eher ein Grusel- als Kribbelgefühl angesichts taumelnder, in religiöse Ekstase fallender rüschenweißer Bahianas. Die Hotels bzw. Reisebüros wissen am besten, welches *térreo* gerade Besucher zuläßt und welche *Mãe dos Santos* (Mutter der afrikanischen Heiligen) sich dazu herabläßt.

Capoeira, der tänzerische Kampfsport der Sklaven, dürfte für steife Nordländer kaum zu erlernen sein. Aber warum nicht Samba und Lambada versuchen? *New Freds, ab 22 Uhr, Rua Visconde de Itaboraí 125, Amarelina*

AUSKUNFT

Kontik-Franstur
P. da Inglaterra 2, Tel. 071/ 242 04 33

ZIELE IN DER UMGEBUNG

Cachoeira **(L 5)**
Ein verträumtes Kleinod der Kolonialarchitektur. Man kann im früheren Kloster wohnen, mit Pool und stillem Innenhof *(Pousada do Convento, Rua Inocêncio Boaventura, 26 Zi., Tel. 075/ 725 17 16, Kategorie 2).* Die alte Eisenbahnbrücke führt ins Nachbarstädtchen *São Felix,* aus dessen Umgebung die duftigen Brasilzigarren kommen. Die alte Dannemannsche Tabakmanufaktur ist heute Kulturzentrum. 120 km

Ilhéus **(L 6)**
Die Hauptstadt des Kakaos hat schon bessere Zeiten gesehen. Unbedingt frischen, echten Kakaosaft aus dem Fruchtfleisch probieren – nicht vergleichbar mit unserer heißen Schokolade! Rundherum gibt es schöne Strände. 460 km

Itaparica **(L 6)**
Die größte Insel der »Allerheiligen«-Bucht erreicht man mit einer Barke, die beim Mercado Modelo ablegt, oder in einer knappen Stunde per Autofähre. Im Kontrast zum quirligen Salvador bietet die Insel ein Dutzend schöner Strände, zahlreiche urige Restaurants, Strandcafés und Hotels – auch den »Club Méd«.

Nördliche Strände **(L 5)**
Die *Estrada de Coco* (Straße der Kokospalmen) führt geradewegs vom Flughafen nach Norden, an zahlreichen kleineren Strandoasen vorbei bis nach *Praia do Forte,* einem Ferienzentrum mit zahlreichen guten Hotels sowie einem Naturschutzzentrum für Meeresschildkröten. 50 km

Porto Seguro-Trancoso **(M 7)**
Hier hatte 1500 Pedro Cabral Brasilien entdeckt. Einige historische Gemäuer wie das alte Gefängnis (heute Rathaus) und ein Kirchlein aus dem 16. Jh. zieren die Oberstadt, deren ✵ Sträßchen immer wieder prächtige Aussichten auf die Strände bieten. Porto Seguro ist in der Karnevals- und Ferienzeit ziemlich überlaufen. Von hier aus nahm die »Lambada« ihren Siegeszug – eine kommerzielle Mischung verschiedener Stilrichtungen lateinamerikanischer Musik.

Über einhundert Hotels und Pousadas aller Preisklassen *(z. B. Porto Seguro Praia, Estrada S. Cruz Cabrália, km 65, Tel. 073/ 288 23 21, Fax 288 20 69, Kategorie 1; Portobello Praia, Estrada S. Cruz Cabrália, km 68, Tel. 073/ 288 23 20, Fax 288 29 11, Kategorie 2)* reihen sich 23 km weit bis nach *Santa Cruz Cabrália* an den makellosen Stränden auf.

Eine weitere Steigerung tropischer Strandidyllen erwartet den Besucher weiter südlich, jenseits des Rio Buranhém. *Trancoso,* über eine leidlich gute Erdstraße zu erreichen, besitzt enorm viel Atmosphäre. Alte Bäume spenden Schatten, und vom kolonialen Städtchen im ✵ Oberdorf genießt man einen herrlichen Ausblick aufs Meer. 700 km

Von Auskunft bis Zoll

Hier finden Sie kurzgefaßt die wichtigsten Adressen und Informationen für Ihre Brasilien-Reise

AUSKUNFT

Obwohl Rio vom Tourismus lebt, kümmern sich die Bürokraten der verschiedenen Tourismusbehörden herzlich wenig um die Reisenden. Vorsicht vor amtlich erscheinenden »Agenturen«, die – wie z. B. auf Rios Flughafen Galeão – völlig wertlose »Touristenpässe« verkaufen. Wer wirklich gute Auskünfte erhalten will, der wende sich lieber an seriöse Reisebüros. Eine staatliche brasilianische Touristeninformation gibt es in Deutschland, Österreich und der Schweiz nicht.

Arbeitsgemeinschaft Lateinamerika e. V.
Bornstraße 2, 56412 Niedererbach, Tel. 06485/40 44, Fax 40 43

ARZT – APOTHEKEN

Erste Hilfe mit fremdsprachigem Personal in Rio:
Klinik Souza Aguiar, P. da República 111, Tel. 296 41 14

In Manaus fahren die Schiffe den Rio Negro aufwärts nach Amazonien

Viele Ärzte können Englisch, Französisch oder Deutsch. Die Bezahlung erfolgt immer »cash« – da nützen Sozialversicherungen von daheim gar nichts.

Die brasilianischen Apotheken sind gut bestückt, fast alle gängigen Produkte der internationalen Pharmakonzerne sind zu haben. Das Apothekenpersonal hat in der Regel keine pharmazeutische Ausbildung.

AUTO

Internationale Rent-a-car-Agenturen sind an den größeren Flughäfen vorhanden. In Rio oder São Paulo ein Auto zu mieten (internationaler Führerschein nötig) wäre wegen des Verkehrschaos russisches Roulette. Empfehlenswert ist dagegen ein Mietauto für die Küstenstraße Rio–Santos (São Paulo), der einzigen Strecke, wo Sie das Mietauto am Zielort abgeben können, ohne die hohe Rückführungsgebühr zu zahlen.

Ein Mietwagen kostet pro Tag mindestens 50 Mark, hinzu kommen Km-Gebühren (ca. 15 Pfennig) und Versicherung.

Jeeps und Campmobile sind nur privat zu mieten. Einen Pannen-hilfsdienst gibt es nicht, aber man findet in jedem Dorf ge-schickte Automechaniker und Reifenspezialisten. Im Hinter-land kann man auf die Hilfsbe-reitschaft der Leute bauen.

BOTSCHAFTEN – KONSULATE

Botschaft der Föderativen Republik Brasilien
Kennedyallee 74, 53175 Bonn, Tel. 0228/37 36 96, Fax 95 92 30
Botschaft der Bundesrepublik Deutschland
Brasília, Av. das Nações, Lote 25, Tel. 061/243 74 66
Deutsches Generalkonsulat
Rio de Janeiro, Rua Presidente Carlos de Campos, Tel. 021/285 23 33
Deutsches Generalkonsulat
São Paulo, Av. Brigadeiro Faria Li-ma 1383, Tel. 011/814 66 44
Botschaft der Republik Österreich
Brasília, Av. das Nações, Lote 40, Tel. 061/243 31 11
Österreichisches Konsulat
Rio de Janeiro, Av. Atlântica 3804, Tel. 021/227 00 40
Österreichisches Konsulat
São Paulo, Al. Lorena 1271, Tel. 011/282 62 23
Botschaft der Schweiz
Brasília, Av. das Nações, Lote 41, Tel. 061/244 55 00
Schweizerisches Konsulat
Rio de Janeiro, Rua Cândido Men-des 157, Tel. 021/242 80 35
Schweizerisches Konsulat
São Paulo, Av. Paulista 1754, Tel. 011/289 10 33

BUSSE – BAHNEN – NAHVERKEHR

Brasilien ist mit einem hervorra-genden Busnetz überzogen. Auf den großen Überlandstrecken (z. B. Brasília–Rio) fahren zu-sätzlich noch »Leito«-Liegebus-se mit Super-Schlafkomfort. Wer viel Zeit und wenig Geld hat, der ist mit den Überlandbus-sen bestens bedient. Bahnlinien sind dagegen kaum vorhanden.

São Paulo, Rio und Porto Ale-gre haben gut funktionierende Metros. Die Einheitstickets wer-den noch von Menschen und nicht von Maschinen verkauft. Ein vorbildliches Busnetz funk-tioniert in Curitiba.

Die meist überfüllten Stadt-busse sind spottbillig, aber nicht immer sicher (Taschendiebe). Bei mehr als zwei Personen mit dem gleichen Fahrziel lohnt sich oft das Taxi. Bei Überlandfahr-ten richten sich die Preise nach Entfernung und Bustyp. Die 1100 km Rio – Brasília kosten z. B. rund 50 Mark.

EINREISE

Brasilien verlangt kein Visum von Touristen aus den meisten europäischen Staaten. Der Reise-paß reicht aus, muß aber noch 6 Monate gültig sein. Bei der Ein-reise erhält man ein Papier, das bei der Ausreise wieder abgege-ben werden muß. Damit kann man bis zu drei Monate bleiben und unter Umständen sogar bei der Polícia Federal eine Verlän-gerung um weitere drei Monate beantragen.

FKK

In Brasilien erst an wenigen aus-gewählten Stränden in den An-fängen. »Oben ohne« ist auch nicht üblich. Die Sitte verlangt, »komplett« bekleidet zu sein –

auch wenn der Tanga (Minibikini) nur aus einem hauchdünnen Faden besteht.

FOTOGRAFIEREN

Farbnegativfilme sind teuer, aber überall erhältlich, Diafilme nicht. Kein Problem, Menschen zu fotografieren, wenn man das mit einem Lächeln tut und nicht wie auf der Großwildjagd. Die Fotoausrüstung sollte man unauffällig (Einkaufstüte o. ä.) verstecken.

GELD – BANKEN

Die Währung Brasiliens hat in den vergangenen Jahren häufiger als die Mode gewechselt und dabei ein paar Nullen abgestreift und dann wieder zugelegt. Seit der Einführung des Real hat die Geldentwertung ihre Schrecken verloren – hoffentlich für längere Zeit, denn nur selten trifft man einen Brasilianer, der sich an Zeiten ohne Inflation erinnert.

Für Ausländer, die Dollar tauschen wollen, berechnen die wenigen großen Geschäftsbanken, die überhaupt wechseln, einen günstigen Touristenkurs. Im übrigen sind Banken *(Öffnungszeiten Mo–Fr 10–16.30 Uhr)* nur für den internen Geldverkehr gedacht. Besser ist der sogenannte Parallelkurs der Devisenhändler und privaten Wechselstuben *(casa de câmbio,* meist mit Reisebüros gekoppelt). Der Kurs wird in den Tageszeitungen veröffentlicht. In Hotels wechselt man meist ungünstiger. Man sollte möglichst keine Reals mit nach Hause nehmen, sie werden nur selten – und schlecht – von europäischen Banken gewechselt.

KLEIDUNG

So leicht, leger und bunt wie möglich. Am besten komplettiert man seine Kleidung in Brasilien selber (Supergrößen schwierig). T-Shirt und (lange) Hose sind für fast alle Gelegenheiten ausreichend, dazu Tennisschuhe. Europäische Touristen erkennt man in der Regel an ihrer grauen Kleidung und den Gesundheitssandalen.

NOTRUF

119
Polizei in allen Orten; setzt portugiesische Sprachkenntnisse voraus.

ÖFFNUNGSZEITEN

Behörden sind von 10 bis 12 und von 14 bis 16 Uhr geöffnet.
Die Läden öffnen um 9 Uhr und schließen zwischen 18 und 20 Uhr; die Shopping-Center öffnen erst um 10 Uhr, schließen aber oft erst um 22 Uhr.

POLIZEI

Dein Freund und Helfer – nicht unbedingt. Wer einen größeren Schaden zu beklagen hat, sollte beim nächsten Polizeirevier *(delegacia)* ein Protokoll *(ocorrência)* aufnehmen lassen. Ansonsten: nett sein zu den Beamten, aber keine hektische Aktivität von ihnen erwarten.

POST – TELEFON

Briefe (Luftpost) brauchen etwa eine Woche in die kalte Heimat.

Das Telefonnetz ist hervorragend, und internationale Gesprä-

che sind von jedem Dorf *(posto telefônico)* aus möglich. Die öffentlichen Fernsprecher sind getrennt nach *local* (Ortsgespräch) und *interurbano* (innerhalb Brasiliens) und nur mit Telefonmünzen, *fichas,* zu benutzen. Man kauft sie am besten in den Büros der Telefongesellschaften oder beim nächsten Zeitungskiosk. Kartentelefone setzen sich in den größeren Städten immer mehr durch, erlauben jedoch keine internationalen Gespräche. Im Inland sind R-Gespräche möglich: Einfach eine 9 vor der jeweiligen Vorwahl wählen.
Vorwahl:
nach Deutschland 0049
in die Schweiz 0041
nach Österreich 0043
Ein Ferngespräch nach Europa kostet für die ersten drei Minuten rund 15 US-Dollar. Drei Minuten von Deutschland kosten 8,40 Mark.
Vorwahl nach Brasilien 0055 dann die Vorwahl der Stadt ohne Null, dann die Nummer.

STROMSPANNUNG

Fast überall 110 Volt, 60 Hertz Wechselstrom; in Brasília 220 Volt, natürlich ohne Schuko-Stecker. Am besten besorgt man sich ein Zwischenstück mit Bananenstecker.

TAXI

Fahren Sie nicht los, ohne vorher einen Pauschalpreis auszuhandeln oder auf Einschalten des Taxameters zu bestehen. Grundgebühr je nach Stadt um die 4 Mark. Trinkgeld nicht üblich, der Betrag wird nur aufgerundet. Taxifahren ist inzwischen auch in Brasilien vergleichsweise teuer.

TRINKGELD

Im Restaurant werden meist 10 Prozent Trinkgeld auf die Rechnung gesetzt. Den Betrag dann nach oben aufzurunden, beweist Ihren weltoffenen Lebensstil — es ist ja nur eine *pipoca,* eine Kleinigkeit. Schuhputzen kostet mindestens 1,50 Mark. Kofferträger, Portiers und die so zahlreichen dienstbaren Geister erwarten eine gute *gorjeta,* weil sie schließlich davon leben müssen.

WASSER

Mineralwasser *sem e com gás* aus (Plastik-) Flaschen ist unbedenklich zu trinken. Zum Zähneputzen ist das Leitungswasser in Ordnung. Salate oder Früchte nur mit abgekochtem Wasser behandeln. Vorsicht bei unverpacktem Eis.

ZEIT

Die brasilianische Standardzeit ist die von Brasília; sie liegt je nach Jahreszeit gegenüber der Mitteleuropäischen Zeit 3 bis 5 Stunden zurück. Im Westen zwei weitere Zeitzonen.

ZEITUNGEN

Internationale Presse nur in Rio und São Paulo oder großen Hotels. Sehr gute Tageszeitungen überall im Lande, besonders: *Jornal do Brasil, O Globo, Folha de S. Paulo, Estado de S. Paulo* und die Wochenmagazine *Veja* und *ISTOÉ.* In Rio und São Paulo gibt es fremdsprachige brasilianische Zeitungen: *Latin America Daily* und die *Deutsche* (Wochen-) *Zeitung,* die beide keine Veranstaltungshinweise bringen und schon deshalb nicht zu empfehlen sind.

ZOLL

Für einreisende Touristen gelten die üblichen Bestimmungen: Gegenstände des persönlichen Bedarfs sind zollfrei, ebenso Geschenke bis 100 US-Dollar. Der brasilianische Zoll reagiert empfindlich auf den Import von Computertechnologie. Ausländische Währungen können in unbegrenzter Höhe eingeführt werden. Bei der Rückreise in ein EU-Land dürfen Waren im Wert von 350 Mark abgabenfrei eingeführt werden. Mengenmäßige Begrenzungen gibt es bei Zigaretten (200), Spirituosen (1 l), Wein (2 l).

WETTER IN RIO DE JANEIRO

Die monatlichen Durchschnittswerte im Überblick

Tagestemperaturen in °C

Jan.	Feb.	März	April	Mai	Juni	Juli	Aug.	Sept.	Okt.	Nov.	Dez.
30	30	29	27	26	25	25	25	26	26	26	28

Nachttemperaturen in °C

Jan.	Feb.	März	April	Mai	Juni	Juli	Aug.	Sept.	Okt.	Nov.	Dez.
23	23	23	21	20	18	18	18	18	20	20	22

Sonnenschein Std./Tag

Jan.	Feb.	März	April	Mai	Juni	Juli	Aug.	Sept.	Okt.	Nov.	Dez.
7	7	7	6	6	6	6	7	5	5	6	6

Niederschlag Tage/Monat

Jan.	Feb.	März	April	Mai	Juni	Juli	Aug.	Sept.	Okt.	Nov.	Dez.
13	11	9	9	6	5	5	4	5	11	10	12

Wassertemperatur in °C

Jan.	Feb.	März	April	Mai	Juni	Juli	Aug.	Sept.	Okt.	Nov.	Dez.
25	25	26	25	24	23	22	22	22	22	23	24

Bloß nicht!

Ein paar Regeln, um in Brasilien einen unbeschwerten Urlaub zu erleben

Lärm ist Leben

Lärm wird in Brasilien meist als Musik empfunden; es ist sinnlos, dagegen einschreiten zu wollen. Ohropax und Gelassenheit helfen über die schlimmsten Geräuschwellen. Bei der Zimmerwahl sollte man darauf achten, nach »hinten« zu wohnen – das dämpft die Verkehrsgeräusche, bringt aber interessante Hörspiele der Nachbarn zu Ohren.

Sicherheit geht vor

Sicherheit ist in Brasilien leider ein Kapitel für sich. Sie können allerdings eine Menge unternehmen, sich nicht »kriminogen« zu bewegen. Dazu die Faustregeln: Keine Pretiosen mitschleppen, die Kamera in eine Plastiktüte stecken, Wertsachen im Hotelsafe deponieren. Tragen Sie keine voluminöse Brieftasche bei sich, nur Fotokopien der persönlichen Dokumente, das Geld im Schuh, im Gürtel oder in verschließbaren Kleidungstaschen (Brusttasche), aber nicht in der Gesäßtasche. Menschenaufläufen ausweichen; sich ohne Hast, umsichtig und ruhig bewegen, Hände frei halten. Keine finstere Miene aufsetzen, sondern freundlich schauen und lächeln! Keine Gegenwehr bei einem Überfall! Im übrigen: Wer Abenteuer sucht, kann sie haben.

Selbst Staatsgäste konnten das schon am eigenen Leibe erfahren. Hinterher laut nach der Polizei zu rufen ist völlig zwecklos.

Rechthaberei ist sinnlos

Auch wenn Sie tausendmal im Recht sind, bestehen Sie nicht darauf! Versuchen Sie höflich auf (vermeintliches) Unrecht zu reagieren und eine Lösung zu suchen, die dem »Gegner« hilft, das Gesicht zu wahren und einen Kompromiß zu finden. Brasilianer weichen harten Konflikten aus und sind in der Lage, selbst in scheinbar ausweglosen Lagen noch einen Ausweg zu finden.

Keine lockeren Strandsitten

Es geht strenger zu, als die freizügig entblößten Körperteile zu signalisieren scheinen. Man zieht sich auf keinen Fall, auch nicht hinter vorgehaltenem Handtuch, am Strand um; in Badehosen kommt man dagegen selbst in vornehme Lokale. Fadenscheinige Bikinis werden akzeptiert – »oben ohne« ist unmöglich.

Sonnenschutz

Die Kraft der Tropensonne ist gewaltig. Wer mittags ohne Sonnenschutz herumläuft, lebt gefährlich. Wo alle Welt sonnenbraun ist, fällt man durch nordische Blässe nur angenehm auf.

REGISTER

In diesem Register finden Sie die in diesem Führer erwähnten Orte, bei Mehrfachnennungen Hauptnennung halbfett, Bilder kursiv.

Was bekomme ich für mein Geld?

 Durch den »Plano Real« haben sich in letzter Zeit die Service-Preise deutlich verteuert. Dennoch kann der Tourist in Brasilien oft relativ günstig leben. Wo kann man schon für etwa 50 Mark rund 1000 km in bequemen Bussen reisen? Wo kostet eine Flasche Bier (0,6 l) noch 2 Mark und eine Tasse Mokka 50—60 Pfennige? Für die berühmte *Caipirinha* (Cocktail aus Limonen und Zuckerrohrschnaps) zahlt man im Restaurant 3—5 Mark — dafür ist der Liter Alkohol (aus dem Zuckerrohr) fürs Auto billig: 70 Pfennig; Benzin kostet 1 Mark, Diesel 65 Pfennig.

Die staatlichen Museen sind in der Regel frei oder kosten etwa 3 Mark. Kinokarten sind ab 8 Mark zu haben, der Eintritt ins Fußballstadion oder in Konzerte kostet ab 10 Mark, unterliegt aber starken Schwankungen. Denn kein Mensch käme auf die Idee, Karten vorzubestellen oder sich an der Kasse anzustellen. Das Geschäft macht immer die Mafia der *cambistas*, der Zwischenhändler, die die Karten am Eingang schwarz verscherbeln: Da hilft nur Nerven bewahren und hart handeln. Deshalb beginnen alle größeren Kulturveranstaltungen grundsätzlich mit mindestens 15 Minuten Verspätung.

Die relative Währungsstabilität seit 1994 wird jedoch vom Konsumenten inzwischen mit steigenden Kosten bezahlt. Aber auch, wenn die Preise für Dienstleistungen, Inlandflüge, Restaurantbesuche oder Taxifahrten immer öfter europäisches Niveau erreichen, sollte der aus der Ferne kommende Tourist königliche Großzügigkeit walten lassen: Wer um Pfennige feilscht, gibt ein schlechtes Bild ab. Es ist gut, immer ein paar kleinere Noten für Trinkgelder usw. dabeizuhaben.

 Travellerschecks — auch auf Dollarbasis — nimmt man nicht überall; am verbreitetsten ist American Express. Man sollte also Dollars dabeihaben und sie gut (im Schuh!) verstecken. Kreditkarten akzeptieren nur große Hotels und teure Geschäfte.

Sprechen und Verstehen ganz einfach

Zur Erleichterung der Aussprache sind alle brasilianischen Wörter mit einer einfachen Aussprache (in eckigen Klammern) versehen. ' vor einer Silbe bedeutet, daß die nachfolgende Silbe betont wird.

AUF EINEN BLICK

Ja./Nein.	Sim. [sinn]/Não. [nau]
Bitte.	Por favor. [por fa'wor]
Danke.	Obrigado/Obrigada. [obri'gado/obri'gada]
Bitte sehr./Gern geschehen.	De nada. [di 'nada]
Entschuldigung!	Desculpe!/Desculpa! [des'kulpe/des'kulpa]
Wie bitte?	Como? ['komo]
Ich verstehe Sie/dich nicht.	Não compreendo. [nau kompre'endo]
Können Sie mir bitte helfen?	Pode me ajudar, por favor? ['podschi mi aschu'dar por fa'wor]
Ich möchte ...	Eu quero ... ['eu 'kero]
Das gefällt mir (nicht).	Isto (não) me agrada. ['isto (nau) mi a'grada]
Haben Sie ...	O senhor/a senhora tem .. [o sen'jor/a sen'jora teng]
Wieviel kostet das?	Quanto custa isso? ['kwanto 'kusta 'ißo]
Wieviel Uhr ist es?	Que horas são? [ke 'oras sau]

KENNENLERNEN

Guten Morgen!	Bom dia! [bong 'dschia]
Guten Tag!	Bom dia!/Boa tarde! [bong 'dschia/boa 'tardschi]
Guten Abend!/Gute Nacht!	Boa noite! ['boa 'noitschi]
Hallo!	Oi! [oi]
Wie geht's?/Alles klar?	Como vai?/Tudo bem? ['komo wai/tudo beng]
Danke, gut.	Tudo bem. ['tudo beng]
Und wie geht's Dir, alles klar?	E você, tudo bem? [i wo'se 'tudo beng]
Auf Wiedersehen!	Até logo!/Tchau! [a'tä 'logo/tschau]

Auskunft

links	à esquerda [a es'kerda]
rechts	à direita [a di'reita]
geradeaus	em frente [eing 'freintschi], direto [di'räto]
nah	perto ['perto]
weit	longe ['lonschi]
Bitte, wo ist ...?	Onde fica ..., por favor? ['ondschi 'fika por fa'wor]
Wie weit ist es von hier nach ...?	Qual é a distância daqui à ...? ['kwau ä a dis'tansia da'ki a]

Panne

Ich habe eine Panne.	O carro quebrou. [o 'kaho ke'brou]
Können Sie mich zur nächsten Werkstatt mitnehmen?	Por favor, pode me levar até a oficina mais próxima? [por fa'wor 'podschi mi le'war a'tä a ofi'sina mais 'prosima]
Wo ist hier die nächste Werkstatt?	Onde tem uma oficina mais próxima? ['ondschi teng 'uma ofi'sina mais 'prosima]

Tankstelle

Wo ist hier die nächste Tankstelle?	Onde fica o posto de gasolina mais próximo? ['ondschi 'fika o posto di gaso'lina mais 'prosimo]
Wollen Sie Benzin oder Alkohol?	Quer gasolina ou álcool? [ker gaso'lina ou 'alkol]
Ich möchte ...	Eu quero ['eu 'kero]
20 Liter Benzin	vinte litros de gasolina [wintschi 'litros di gaso'lina]
für 20 Real Benzin	vinte reais de gasolina ['wintschi re'ais di gaso'lina]
Volltanken bitte.	Cheio, por favor. [scheio por fa'wor]

Unfall

Achtung!/Vorsicht!	Cuidado! [kui'dado]
Rufen Sie ...	Chame ... ['schami]
... die Polizei.	... a polícia. [po'lisia]
... einen Arzt.	... um médico. ['mädschiko]
... die Feuerwehr.	... os bombeiros. [os bom'beiros]
Es war meine/Ihre Schuld.	A culpa foi minha/sua. [a 'kulpa foi 'minja/'sua]
Hier ist meine Adresse und die Versicherungsnummer.	Aqui está meu endereço e o número da apólice de seguro. [a'ki es'ta 'meu ende'reso i o 'numero da a'polisi di se'guro]

SPRACHFÜHRER BRASILIANISCH

ESSEN

Wo gibt es hier ...
  ein gutes Restaurant?

  ein nicht zu teures
Restaurant?

Onde tem ... ['ondschi teng]
  um bom restaurante?
  [um bong restau'rantschi]
  um restaurante não muito caro?
  [um restau'rantschi nau 'muito 'karo]

Gibt es hier eine Kneipe
mit Musik?

Há aqui um bar com música viva? [a
a'ki um bar kon 'musika wiwa]

Ich möchte einen Tisch
für 6 Personen reservie-
ren.

Eu quero reservar uma mesa para seis
pessoas. ['eu 'kero reser'war 'uma 'mesa
'para seis pe'ßoas]

Auf Ihr Wohl!

À sua saúde! [a 'sua sa'udschi]

Bezahlen, bitte.

A conta, por favor.
[a 'konta por fa'wor]

Hat es geschmeckt?

Gostou? [gostouu]

Das Essen war ausge-
zeichnet.

A comida estava excelente.
[a ko'mida es'tawa ese'leintschi]

ÜBERNACHTUNG

Können Sie mir ... emp-
fehlen?
  ... ein gutes Hotel
  ... eine Pension

Você pode me indicar ...
[wo'se 'podschi mi indi'kar]
  ... um bom hotel? [um bong ho'tel]
  ... uma pensão? ['uma pen'sau]

Haben Sie ein freies
Zimmer?

Tem um quarto vago?
[teng um 'kwarto 'wago]

Ich möchte ...
  ein Einzelzimmer.

  ein Doppelzimmer.

  mit Bad.

Quero ... ['kero]
  um quarto de solteiro.
  [um 'kwarto di sol'teiro]
  um quarto de casal.
  [um 'kwarto di ka'sau]
  com banheiro. [kon ban'jeiro]

Wir bleiben ...
  eine Nacht.
  eine Woche.

Vamos ficar ... ['wamos fi'kar]
  uma noite. ['uma 'noitsche]
  uma semana. [uma semana.]

Arzt

Können Sie mir einen guten Arzt empfehlen?

Pode me recomendar um bom médico. ['podschi-mi rekomen'dar um bon 'mädschiko]

Ich habe hier Schmerzen.

Tenho dores aqui. ['tenjo 'dores a'ki]

Bank

Wo ist hier bitte die nächste Bank/Wechselstube?

Onde é o banco/casa de câmbio mais próximo/a? ['ondschi ä o 'banko/'kasa di 'kambio mais 'prosimo/a]

Ich möchte ... Mark/Schilling/Schweizer Franken wechseln.

Quero trocar ... marcos alemães/xilin/francos suíços. ['kero tro'kar ... 'markos ale'mais/'schiling/frankos 'swißos]

Post

Ich möchte ... nach Deutschland/Österreich/in die Schweiz schicken.

Eu quero mandar ... para a Alemanha/Áustria/Suíça. ['eu 'kero man'dar ... 'para ale'manja/'austria/'swißa]

... einen Brief

... uma carta. ['uma 'karta]

... eine Postkarte

... um cartão postal. [um kar'tau pos'tau]

Wieviel kostet es?

Quanto custa? ['kwanto 'kusta]

Zahlen

0	zero ['sero]	20	vinte ['wintschi]
1	um [um]	21	vinte e um ['wintschi i um]
2	dois [dois]	22	vinte e dois ['wintschi i dois]
3	três [tres]	30	trinta ['trinta]
4	quatro ['kwatro]	40	quarenta [kua'renta]
5	cinco ['sinko]	50	cinquenta [sin'kwenta]
6	seis/meia [seis/meija]	60	sessenta [se'ßenta]
7	sete ['sätschi]	70	setenta [se'tenta]
8	oito ['oito]	80	oitenta [oi'tenta]
9	nove ['nowi]	90	noventa [no'wenta]
10	dez [deis]	100	cem [seng]
11	onze ['onsi]	101	cento e um ['sento i um]
12	doze ['dosi]	200	duzentos [du'sentos]
13	treze ['tresi]	1000	mil ['miu]
14	catorze [ka'torsi]	2000	dois mil [dois 'miu]
15	quinze ['kinsi]	1000000	um milhão [um mil'jau]
16	dezesseis [dese'ßeis]		
17	dezessete [dese'ßätschi]	1/2	um meio [um 'meio]
18	dezoito [de'soito]	1/3	um terço [um 'terso]
19	dezenove [dese'nowi]	1/4	um quarto [um 'kwarto]

Cardápio
Speisekarte

ENTRADAS/LANCHONETE	VORSPEISEN/IMBISS
Azeitonas recheadas [asei'tonas resche'adas]	Oliven, gefüllt
Bolinhas de barcalhão [bolinjas de bakaljau]	Stockfisch-Klößchen
Caldo ['kaldo]	Fleischbrühe
Caldo verde ['kaldo 'werdsche]	Kohlsuppe
Canja de galinha [kanscha de galinja]	Hühnerbrühe mit Reis
Carpaccio [karpatschio]	Rohes, fein geschnittenes Rindfleisch
Casquínha de sirí [kas'kinja di si'ri]	Krabbenfleisch in Muschel serviert
Coquetel de camarões [koktell de kama'roes]	Krabbencocktail
Feijão com arroz [fei'schau kon a'hos]	Bohnen mit Reis
Goiabada [goia'bada]	Guavenkonfitüre
Melão com presunto [ma'lau kom pre'sunto]	Geräucherter Schinken auf Melone
Misto quente ['misto 'keintschi]	Sandwich mit Schinken und Käse
Ovos de cordona [owos de kordona]	Rebhuhn-Eier
Pastel [pas'täu]	Pastete
Provolone [prowo'loni]	Provolone (Käse)
Pão com manteiga [pao kon man'teiga]	Brot mit Butter
Presunto [pre'sunto]	Schinken
Queijo (frito) ['keischo ('frito]	Käse (fritiert)
Salgadinhos [sauga'dinjos]	Salzgebäck
Sanduíche [sandu'ischi]	Sandwich
Sopa de legumes [sopa de legumes]	Gemüsesuppe
X-burger [schieß-'burger]	Sandwich mit Tomaten und Salat

CARNE E AVES	FLEISCH UND GEFLÜGEL
Asado [a'ßado]	Braten
Bífe ['bifi]	gegrilltes Rindfleisch
Bífe à cavallo ['bifi a kawallo]	Filet mit Spiegelei
Cachorro quente [ka'schoho 'keintschi]	Hot Dog
Carne de boi ['karni di 'boi]	Rindfleisch

Carne de porco ['karni di 'porko]	Schweinefleisch
Carne de vitela ['karni di wi'tela]	Kalbfleisch
Carne moída ['karni mo'ida]	Hackfleisch
Carneiro [kar'neiro]	Hammel/Lamm
Churrasco [schuhasko]	Fleisch vom Grill
Churrasquinho [schuhas'kinjo]	Portion Fleisch vom Spieß
Coelho [ko'eljo]	Kaninchen
Costela [kos'tela]	Kotelett
Coxa de frango ['koscha di 'frango]	Hähnchenschenkel
Escalope [es'kalopi]	Schnitzel
Espeto de carne [es'petto de 'karne]	Fleischspieß
Fígado ['figado]	Leber
Filé [fi'lä]	gegrilltes Filet
Frango ['frango]	Hähnchen (vom Grill)
Galinha [ga'linja]	Huhn
Ganso ['ganso]	Gans
Kibe ['kibi]	eine Art Cevapcici
Leitão [lei'tau]	Spanferkel
Língua ['lingwa]	Zunge
Pato ['patto]	Ente
Pastéis [pas'teis]	Pastete
Peito de frango ['peito di 'frango]	Hühnerbrust
Peru [pe'ru]	Truthahn
P. F. (Prato Feito) [pee effe]	Tagesgericht
Presunto [pre'sunto]	Schinken
Presunto cru [pre'sunto kru]	roher Schinken
Rabada ['rabada]	Ochsenschwanz
Rins [rins]	Nieren
Rostbife [rost'bifi]	Roastbeef
Salsicha [sau'sischa]	Würstchen

PEIXE E MARISCOS — FISCH UND MEERESFRÜCHTE

Atum [a'tum]	Thunfisch
Bacalhau [bakal'jau]	Kabeljau
Camarão [kama'rau]	Krabben
Camarões [kama'rois]	Garnelen
Camarões grandes [kama'rois 'grandsches]	Scampi
Carangueijo [karan'gescho]	Krebs
Lagosta [la'gosta]	Languste
Linguado [lingu'ado]	Seezunge
Lula ['lula]	Tintenfisch
Mexilhões [meschil'jois]	Miesmuscheln
Moqueca de peixe [mokekka de 'peischi]	Fischsuppe/Bouillabaise mit Reis und Maniokmehl

Ostras ['ostras]	Austern
Polvo ['polwo]	Krake
Salmão [sau'mau]	Lachs
Sardinha [sar'dinja]	Sardine
Siri [si'ri]	Taschenkrebs
Truta ['truta]	Forelle

LEGUMES & ACOMPANHAMENTOS   GEMÜSE & BEILAGEN

Abóbra [a'bobra]	Kürbis
Agrião [agri'au]	Kresse
Aipim [ai'ping]	Maniokwurzel
Aipo [ai'po]	Sellerie
Alcachofra [alka'schofra]	Artischocke
Alface [al'fasi]	Kopfsalat
Arroz [a'hos]	Reis
Batata inglesa [ba'tata inglesa]	Kartoffel
Batatas fritas [ba'tatas 'fritas]	Pommes frites
Beringela [berin'schela]	Aubergine
Beterraba [bete'haba]	Rote Beete
Brócoli ['brokoli]	Brokkoli
Cenoura [se'noura]	Rübe
Chucrute [schu'krutschi]	Sauerkraut
Cogumelos ['kogu'melos]	Pilze
Couve-de-bruxelas ['kouwi di bru'schelas]	Rosenkohl
Couve-flôr ['kouwi-flor]	Blumenkohl
Couve manteiga ['kouwi man'teiga]	Wirsingkohl
Ervilha [er'wilja]	Erbse
Espargo [es'pargo]	Spargel
Espinafre [espi'nafri]	Spinat
Feijão (preto) [fei'schau ('preto)]	(schwarze) Bohnen
Jiló [schi'lo]	Gombos
Lentilhas [len'tiljas]	Linsen
Macarrão [maka'rau]	Makkaroni
Mandioca (cozida) [mandi'oka (ko'sida)]	Maniok (gekocht)
Massa ['maßa]	Nudeln
Milho verde ['miljo 'werdschi]	Maiskolben, gekocht
Palmito [pau'mito]	Palmenherz
Pepino [pe'pino]	Gurke
Pimentão [pimen'tau]	Paprikaschote
Polenta [po'lenta]	Polenta
Purê de batata [pu'rä di ba'tata]	Kartoffelpüree
Repolho [re'poljo]	Kohl
Salada (mista) [sa'lada ('mista)]	(gemischter) Salat
Tomate [to'matschi]	Tomate

Lista das bebidas
Getränkekarte

BEBIDAS NÃO ALCOÓLICAS | ALKOHOLFREIE GETRÄNKE

Água de côco ['agwa di 'koko] — Kokosmilch, Kokoswasser
Água (mineral) ['agwa (mine'rau)] — (Mineral-)Wasser
  com gás [kon gas] — mit Kohlensäure
  sem gás [seing gas] — ohne Kohlensäure
Café (com leite) [ka'fä (kon 'leitschi)] — Kaffee (mit Milch)
Caldo de cana ['kaldo di 'kana] — Rohrzuckersaft
Chá preto [scha preto] — Tee
Chá mate [scha matee] — Mate-Tee
Frapé [fra'pe] — Milchshake
Gêlo ['schelo] — (Wasser-)Eis
Guaraná [guara'na] — Guaraná-Limonade
Laranjada [laran'schada] — Orangensaft
Refrigerante [refrische'rantschi] — Erfrischungsgetränk
Suco (misto) ['suko ('misto)] — Fruchtsaft (gemischt)
Vitamina (mista) [wita'mina ('mista)] — Fruchtsaft (aus mehreren Früchten) mit Milch

LICORES, BRANDIES, AGUARDENTES E APERITIVOS | LIKÖRE, BRANNTWEINE, SCHNÄPSE UND APERITIFS

Caipirinha [kaipi'rinja] — Caipirinha (Nationalgetränk; mit Limetten, Zucker, Kokosschnaps und Eis)
Caipiríssima [kaipi'rißima] — Caipirinha mit Rum
Caipiwodka [kaipi'wodka] — Caipirinha mit Wodka
Gin com água tônica ['tschin kon 'agwa 'tonika] — Gin-Tonic
Pinga ['pinga], Cachaça [ka'schasa] — Zuckerrohrschnaps
Sidra ['sidra] — Apfelwein

VINHO E CERVEJA | WEIN UND BIER

Cerveja [ser'wescha] — Bier
Chopp ['schopi] — Faßbier
Vinho ['winjo] — Wein
  branco ['branco] — weiß
  rosé [ro'se] — rosé
  tinto ['tinto] — rot
Vinho espumante ['winjo espu'mantschi] — Schaumwein, Sekt